근대와 식민의 서곡

기획강좌 : 근대의 갈림길 한국편

근대와 식민의 서곡

김동노 지음

창비
Changbi Publishers

기획강좌 '근대의 갈림길'을 펴내며

지난 세기를 마무리하고 21세기로 들어오면서 우리 사회에서 100년 전의 세기 교체기에 대한 관심이 부쩍 높아졌다. 열강이 각축하는 중심에 한반도가 놓인 두 전환기의 유사성에 주목하며 또다시 한국이 위기를 겪는 게 아닌가 염려하기 때문이다.

우리의 현재와 미래의 운명에 대한 깊은 우려에서 나온 이같은 역사적 관심에 부응하자는 것이 기획강좌 '근대의 갈림길'(전4권)을 기획한 동기이다. 네 권의 집필자들이 씨름한 물음은 동아시아 3국이 근대로 이행한 지난 세기의 교체기에 어떻게 서로 다른 길을 걷게 되었는가이다. 우리는 세 나라의 갈림길을 흔히 제국주의로 상승한 일본, 반식민지로 바뀐 중국, 식민지로 전락한 한국이란 이미지로 인식하는 데 아주 익숙하다. 더 나아가 일본은 근대의 '우등생', 중국은 '절반 열등생', 한국은 '열등생'이었다고 평가하기까지 한다.

'근대의 갈림길'은 이러한 오래된 역사해석을 따져 물으면서, 새롭게 답을 찾기 위한 공동연구 과정의 결실이다. 제1권은 한국이 식민지로 된 것은 필연적인 결과가 아니라 당시 나타난 여러 가능성들 가운데 하나가 실현된 것일 뿐임을 보여준다. 제2권은 중국이 걸어온 지난 100년을 5,000년이란 긴 역사 속에 위치시켜 파악하면서 성공과 실패의 이분법을 넘어서는 시각을 모색한다. 제3권은 일본이 이룩한 근대의 성공과 그 뒷면인 억압과 팽창을 함께 제시하여 복합적 관점이 필요함을 강조한다. 제4권은 한·중·일의 근대이행기를 비교하여 그것이 서로 엇갈리면서도 동시에 얽힌 하나의 지역사라는 관점을 이끌어내고 그를 통해 성공과 실패의 역사를 다시 볼 것을 제안한다. 제1권에서 제3권까지가 각국의 개항에서 1910/1911년 무렵까지의 개괄적 서술의 형식을 택했다면, 제4권은 비교와 총괄의 서술 형식을 취했다.

이 공동연구를 진행하는 데는 (주)아모레퍼시픽의 지원이 크게 도움이 되었다. 동아시아 3국의 근대이행기에 대한 남다른 관심과 이해를 갖고 있는 서경배 님의 지속적 격려는, 연구과정과 그 성과물을 간행하는 방식에서 사회와 소통하는 인문학의 새로운 방향을 모색하게 만든 추동력으로 작용했다. 그래서 이 기획강좌가 전문 연구자를 넘어서 일반 독자와도 소통할 수 있는 읽을거리가 되도록 집필자들은 힘을 기울였다.

다행히 창비사가 우리의 이런 뜻을 기꺼이 받아들여 맞춤한 편집체제의 출판물로 간행해주었다. 이 자리를 빌려 감사드린다.

아무쪼록 이 네 권의 책이 독자들과 대화의 공간을 넓혀나가, 간행 과정에 마음을 같이한 모든 분들의 정성에 보답이 되길 바라는 마음 간절하다.

공동연구진을 대표하여
백영서

19세기는 급격한 변화의 시대였다. 현대를 특징짓는 세계화의 흐름이 가장 원초적인 형태로 나타나기 시작한 것도 바로 이때였다. 그 이후 이 흐름은 전세계를 하나로 묶으면서 이전과는 다른 세계를 만들어가기 시작했다. 서유럽의 몇몇 항구에서 식민지 개척을 위해 아시아와 아프리카, 남미로 상선과 군함이 출항하면서 시작된 이 흐름이 변방에 이르렀을 때는 지금까지 한번도 경험하지 못했던 거대한 태풍으로 바뀌었다. 동아시아 지역도 예외는 아니었다. 중국을 중심으로 주변국들을 묶어 하나를 이루던 체계가 위협받으면서 이 지역의 국가들은 새로운 상황에 어떻게 대응할 것인가를 심각하게 고민하지 않을 수 없게 되었다. 동아시아 국가들이 이러한 도전에 어떻게 대응했는가는 이후 이들의 역사에서 커다란 차이를 가져왔다. 일본은 제국으로 성장한 반면 조선은 일본의 식민지로, 그리고 중국은 서구 열강과 일본에 의해 찢어지면서 반식민지로 전락하게 되었다. 그러나 이 시기 이 지역의 역사를 이렇게 식민과 제국으로 단순화할 수는 없을 것이다. 식민과 제국의 단순화를 가로지르는 또다른 역사의 궤적은 근대성이다. 어떤 근대성이 어떤 방식으로 전개되었는가에 따라 각국의 역사는 서로 다른 변화의 기원을 갖게 된 것이다.

이 책은 이런 맥락에서 19세기 후반 조선이 개국하면서 나타난 역사의 변화를 추적하려고 한다. 이전부터 누적된 조선의 내적 위기는 개국이 가져온 새로운 외적 위기와 결합되면서 결국 1910년 조선의 식민화를 가져왔다. 왜 조선은 일본의 식민지로 전락하고 말았던가? 500여년간 독립된 정치체제를 굳건히 유지해온 나라가 전쟁도 거치지 않으면서 변방의 국가로 여겨졌던 일본의 식민지가 되었다는 것은 상당히 의아스러운 일이다. 물론 조선의 식민화는 구조적으로 결정되어진 필연도 아니었으며 인간이 통제할 수 없었던 우연도 아니었다. 위기 속에서 식민화를 피하기 위한 근대의 기획이 조선의 여러 행위자들에 의해 이루어졌고, 이 시도들이 실패하여 대안적 가능성이 소진되면서 식민화라는 결과로 귀결되었던 것이다. 이 과정에 대한 분석은 역사를 단순히 과거의 역사로 연구하는 데 그치지 않고 오늘을 되돌아보는 데 있어서도 중요한 가르침을 줄 수 있을 것이다.

이러한 역사과정을 인식함에 있어 우리는 결과에 입각해서 원인을 추적하는 방식으로 접근할 때 나타나는 오류에 유의해야 한다. 흔히 회고적 접근(retrospective approach)으로 불리는 이 방식이 가진 오류는, 역사의 결과는 필연적으로 그렇게 될 수밖에 없었다는 결정론에 빠지게 됨으로써 역사변화의 다양한 가능성을 무시한 채 단일한 역사의 궤적을 가정하는 것이다. 즉, 조선의 식민화는 불가피한 역사적 현상으로 인식되고, 이를 가져온 원인이 무엇인지를 찾으려고 하는 것이다. 이러한 역사는 필연의 역사가 되고 역사의 법칙이라는 이름으로 단순화된다. 이 위험성을 피할 수 있는 방법이 전망적 접근(prospective approach)이다. 이 접근은 역사의 조건들에서 시작하여 그 조건들이 가져올 수 있었던 다양한 역사적 가능성을 검토하고, 그 결과 왜 여러 대안적 가능성 가운데 어떤 특정한 가능성이 역사의 현실로 구체화되었는가를 분석한다. 이 책은 이러한 접근방식에 근거하여 이 시기를 살았던 정치적 지배계급이었던 보수 관료와 개화파, 경제적 지배계급이었던 지주, 그리고 유학자와 민중의 대다수를 구성하였던 농민은 어떤 근대적 변화를 꿈꾸었고, 이들의 시도는 어떤 의미를 가지고 있었으며, 어떤 결과를 가져왔는가를 살펴보려고 한다.

실로 이 시기 조선은 이전에 겪지 않았던 국가적 위기를 맞고 있었다. 근대화를 먼저 성공적으로 시도하여 제국주의로 성장한 일본에 의해 식민의 위협에 처해 있었던 것이다. 그러나 이 위기는 동시에 새로운 변화를 위한 기회이기도 했고, 그런 점에서 이 시기에는 자발적 근대의 시도가 다양한 모습으로 나타나고 있었다. 동학농민전쟁을 이끌어간 농민은 오랜 예속에서 벗어나 새로운 사회질서를 구축하려 했고, 새로운 정치적 지배계급으로 등장한 개화파는 근대적 국가체제를 수립하려 했으며, 유학에 기반을 둔 보수 관료와 유학자들은 유학을 새롭게 재구성하면서 이에 근거한 국가질서의 재정비를 시도했다. 경제적 지배계급이었던 지주들은 개항과 함께 시작된 곡물의 수출을 통해 시장경제를 이용한 새로운 부의 축적 기회를 가졌다.

이러한 기회는 조선이 식민의 길이 아닌 다른 경로로 갈 수 있었던 가능성을 보여주기도 한다. 동시에 조선이 비록 식민화의 길로 접어들었다고 하더라도, 이 시기 이들이 추구한 근대성이 이후 어떻게 지속 혹은 단절되었는가는 여전히 중요한 문제로 남게 된다. 그런 점에서 이 책은 한편으로는 조선인의 내재적 근대화가 어떤 방식으로 그리고 왜 좌절되었는가를 밝히면서, 다른 한편으로는 이들이 추구한 근대성은 어떤 역사적 의미를 가지는가를 찾아보려고 한다. 이 시도에 있어 특히 중요한 것은, 조선이 식민지로 전락함으로써 갖게 되는 이전 역사와의 단절에도 불구하고 근대성의 측면에서 볼 때 식민 이전과 이후에 일정한 정도의 연속성도 존재하고 있다는 사실이다. 흔히 주장되는 식민지 근대성의 기원이 어느정도는 그 이전 시기 조선인들이 주도했던 자발적 근대화에서 찾아질 수 있다는 것이다. 이렇게 하여 이 책은 당시에 나타났던 근대의 길과 식민의 길이 어떤 방식으로 서로 교차했는가를 찾아보려고 한다.

조선의 근대와 식민의 길을 탐색하는 이 책은 다른 한편으로 한국 사회의 지배구조를 역사적으로 추적하는 의미를 담고 있다. 지난 100여년간 한국사회는 정치적 지배계급과 경제적 지배계급, 그리고 외세가 결합된 삼자연합의 지배구조를 유지해왔다. 식민화, 해방, 한국전쟁, 경제발전, 민주화와 같은 역사적 계기를 통해 무너질 수도 있었던 이 지배구조는 오히려 한층 강화되어왔다. 정치적 지배계급과 경제적 지배계급을 구성한 주체들은 시간의 흐름과 함께 바뀌어갔지만 이들의 구조적 결합은 상당히 굳건하게 지속되어왔으며, 이들은 외세에 의존하거나 결합됨으로써 내적인 지배구조를 더욱 공고히해왔다. 민중이 배제된 이러한 지배구조가 언제 형성되었으며 어떻게 유지·변화해왔는가는 한국사회의 올바른 이해를 위해 반드시 검토되어야 할 과제이다. 이 책은 이 거대한 문제에 대한 첫번째 단서를 얻으려는 것이기도 하다. 개항 이후 외세가 조선에 개입하면서 일어난 변화를 살펴봄으로써 한국사회의 지배구조가 형성된 역사적 기원을 찾아보려 한다. 앞으로 힘닿는 대로 후속작업을 통해 19세기 후반에 시작된 이 지배구조가 어떻게 변화해갔는가를 밝혀보려 한다.

개인적으로 조선의 식민화와 근대적 변혁에 관심을 갖게 된 것은 상당히 오래 전부터였다. 박사학위논문을 쓰면서 시작된 이 관심은 조선사에 대한 오랜 의문에서 비롯되었다. 학교교육을 통해 조선이 얼마나 뛰어났으며 상대적으로 변방의 왜구였던 일본은 얼마나 주변적이었는가를 끊임없이 배웠지만, 조선이 오히려 일본의 식민지로 전락한 역사적 결과를 어떻게 받아들여야 하는가는 나에게는 매우 당혹스러운 의문이었다. 이 의문에 대한 아주 부족한 답으로서 박사학위논문을 썼고 그 이후 이를 수정하여 몇편의 글을 쓰기도 했다. 마침내 이 문제에 대한 생각을 모두 모아 하나의 책으로 출판하게 되었다. 책을 출판한다는 것에 대한 두려움과 부끄러움을 감당하기 어려워 오랜 망설임이 필요했다. 세상을 어지럽히는 쓸데없는 글이 아니길 바라는 작은 소망과 함께 글쓰고 공부하는 사람으로서 최소한의 책임을 다한다는 생각으로 이를 어렵게나마 이겨보려고 한다.

그동안 주변에 많은 변화가 일어났다. 많은 사람을 새로 만났고 또 떠나보냈다. 자식에 대한 불안함으로 평생 애태우셨던 아버님은 내

곁을 영원히 떠나셨고, 이 문제에 처음 관심을 가졌을 때 세상에 첫 걸음을 내디뎠던 딸 혜연은 이제 대학에 들어간다. 그동안 일어난 세상의 변화에 비해 내 생각이 깊어지지도 넓어지지도 못했음은 어떤 이유로도 변명의 여지가 없다. 그럼에도 이 부끄러운 글을 세상에 꺼내기까지에는 많은 분들의 도움을 받았다. 그동안 글을 쓰면서 받았던 어머니와 아내를 비롯한 가족들의 정서적 지원과 같은 길을 걷는 선후배 동학들의 학문적 격려는 무엇보다 소중한 힘이 되었다. 영원히 갚을 수 없는 빚을 진 아버님께는 어떤 말로도 고마움을 다할 수 없다. 이제는 훌쩍 커버려 끊임없이 잔소리를 늘어놓는 딸 혜연은 부모님께 받은 사랑을 내리물림할 수 있는 유일한 대상으로서 고마울 따름이다.

미숙하나마 이 정도로라도 세상을 보는 생각의 틀을 만들 수 있었던 것은 내가 만난 뛰어난 선생님들과 언젠가 나의 생각을 뛰어넘을 내 학생들 덕택이리라. 일일이 이름을 들 수 없을 만큼 많은 선생님들이 내 생각의 바탕이 되어주셨고 많은 학생들이 나의 아집과 자만을 바로잡아주었다. 그들을 통해 때로는 껍질을 깨는 아픔을 배웠고 때로는 새로운 세상을 보는 기쁨을 알았다. 깊은 감사와 함께 그들에게 이 책을 드린다.

2009년 2월

김동노

차례

제1부
전통의 탈피와 근대와의 만남

제1장

위기와 기회
내적 붕괴와 외침 그리고 자발적 근대화의 시도

　19세기 후반 조선은 무너지고 있었다. 1392년 건국 이후 500여년간 지속된 조선왕조는 간헐적인 위기에도 불구하고 이를 적절히 극복하면서 세계사에서 찾아보기 힘든 안정성을 유지했었다. 그러나 그 내면에는 체제의 안정을 위협하는 구조적 왜곡이 축적되어가고 있었다. 그런 점에서 조선이 19세기 후반에 맞이한 위기의 근원은 멀리는 1592년의 임진왜란으로까지 거슬러올라가 찾아져야 할 것이다. 7년에 걸친 일본과의 전쟁은 조선의 정치, 경제, 사회, 문화 모든 영역에서 변화를 가져왔고, 이 변화는 궁극적으로 조선을 안으로부터 붕괴시키는 요인으로 작용했다. 이 전쟁으로부터 비롯된 체제의 와해는 이후 다른 중요한 요인들이 첨가됨으로써 점차 심각한 위협이 되었다.

　이에 더하여 19세기 후반 들어 가시화된 외세의 침입은 조선을 결정적 위기의 국면으로 몰아갔다. 1876년 일본과 강화도조약을 맺음으로써 조선은 바깥에 문을 열고 다른 세계를 경험하게 되었다. 이로 인해 조선과는 다른 세계에 속했던 여러 나라에서 일어나는 일들이 조선에 직접 영향을 미치게 되었고, 조선은 이들과 하나의 세계 속으로 편입되어갔다. 보다 근본적으로, 조선의 개국과 이에 따른 외세의 위협은 조선의 내적 위기를 되돌릴 수 없는 치명적인 수준으로 심화시켰다. 19세기 후반 조선이 맞이한 이 위기는 조선의 생존을 극단적으로 위협하는 것이었다. 그러나 다른 한편으로 이 위기는 자생적 근대화의 계기를 제공함으로써 조선을 새롭게 만들 기회로 작용하기도 했다. 이 장에서는 19세기 조선이 맞이한 위기의 본질과 근원은 무엇이며, 이 위기는 우리 역사에서 어떤 의미가 있는지를 살펴보기로 한다.

19세기 후반의 국가적 위기: 내우외환

19세기 후반 조선이 맞이한 국가적 위기의 본질을 파악하기 위해서는 이 위기의 내적·외적 근원을 찾아보아야 할 것이다. 우선 조선 내부에서 나타난 위기의 가장 직접적인 징후는 19세기 후반 들어 증가했던 농민운동이다. 몇번의 예외적인 농민운동을 제외하면 19세기 전반까지 조선의 농촌사회는 대체로 안정된 형태를 유지했다. 체제의 안정성이 밑으로부터 깨어지는 큰 계기는 1862년의 진주민란이었다. 지방관리의 조세부패로 인해 일어난 이 민란은 빈농과 일부 요호부민(饒戶富民)이 함께 참여함으로써 농민공동체 전체의 운동으로 발전되었고, 경상·전라·충청의 삼남지역에서 농민운동을 확산시키는 결정적 촉매 역할을 했다. 진주민란 이후 농민운동의 발생횟수는 대체로 매년 증가하여 점차 일상화되어갔다. 이러한 추세는 1876년 개항 이후 더욱 뚜렷해져 마침내 1894년의 동학농민운동이라는 역사적인 사건으로 발전되었다.

농민운동의 발생은 여러가지 점에서 조선사회의 내적 모순을 잘 드러내 보여준다. 먼저 농민운동을 일으키는 농민의 입장에서 보면, 농민들의 경제적 상태가 피폐했음을 입증해준다. 농민경제의 피폐로 인해 농민운동이 발생했다는 것은 농민들이 생산한 경제적 잉여가 누군가에 의해 약탈되었다는 것을 의미한다. 흥미롭게도 19세기 후반에 발생한 농민운동은 주로 조세제도의 문란에 기인하고 있는데,[1] 이는 흔히 농민의 가장 직접적인 약탈자로 여겨지는 지주 못지않게 국가의 관리와 이서계급이 농민의 주된 약탈자였음을 보여준다. 국가관리와 이서의 불법적 약탈은 조세제도의 전면적인 부패로 연결되어 조선후기 줄곧 삼정(三政)의 문란을 야기함으로써 국가재정을 약화시켰다. 국가관리와 이서계급의 불법적 약탈이 지속되면서 결국 국가와 농민 모두 궁핍한 상태에 놓이게 된 것이다.

농민운동의 빈번한 발생은 농민경제의 파탄, 국가재정의 빈곤과 함께 사회통제체제의 와해로부터 기인한다. 실제로 농민경제의 파탄은 19세기 들어서 새롭게 나타난 것이 아니었다. 임란 이후 농민경제는

---

1) 1862년부터 1893년까지『조선왕조실록』에 실린 농민운동을 발생원인에 따라 분류하면, 85% 정도가 지방관리와 이서계급의 조세부정과 약탈에 의한 것이었다. 이에 관해서는 한우근(1971), 김동노(2007) 참조.

지속적으로 파탄상태에 있어 농민들이 사회운동을 일으킬 만한 충분한 동기를 지니고 있었다. 그럼에도 불구하고 농민들이 행동으로 옮기지 못했던 것은 강한 통제력 때문이었다. 농민운동의 발생을 제어한 통제력에는 국가의 공식적 통제력과 함께 좀더 중요하게는 지역사회의 자치조직이 가진 비공식적 통제력도 포함된다. 신분질서에 근거한 비공식적 통제력은 조선시대 국가의 취약한 통제력을 보완 혹은 대체하는 효과적인 수단이 되었으나 조선후기 들어 나타난 신분질서의 근본적인 재구성으로 인해 점차 그 효력이 약화되어갔다. 이러한 변화는 경직된 신분질서의 억압 속에 살아야만 했던 민중에게 새로운 탈출구를 제공해주었지만, 다른 한편으로 체제의 안정성을 결정적으로 위협하는 요인으로 작용하기도 했다.

이렇게 볼 때 19세기 후반 들어 나타난 조선의 국가적 위기를 초래한 내적 요인으로는 농민경제의 파탄과 국가재정의 빈곤, 그리고 신분질서의 변화로 인한 체제의 안정성 약화 등을 지적할 수 있다. 이제 이러한 요인들이 어떻게 상호작용하여 국가의 위기를 가져왔는지 살펴보기로 하자.

농민경제의 파탄과 국가재정의 빈곤: 조세제도의 문란과 국가관료의 부패

조선후기 들어 농민과 국가 모두 빈곤한 상태였는데, 그 근본원인은 농민의 생산이 국가의 세금으로 전이되는 과정에서 나타난 부패, 즉 삼정의 문란에서 찾을 수 있다. 조선초기에는 전정(田政), 군정(軍

政), 공납(貢納)이 기본조세로 자리잡았으나 공납의 폐단이 커짐에 따라 대동법의 시행과 함께 폐지되었고 이에 따른 부족한 재원의 확보를 위해 환곡(還穀)이 새로운 조세로 전환되었다. 세 가지 기본 조세제도를 운영함에 있어 온갖 부정한 방법이 개입되면서 국가의 기본인 재정도 취약해지고 농민도 심한 착취로 고통받게 되었다.

삼정 가운데서도 지세인 전정은 국가재정과 농민경제에 직접 영향을 미치는 가장 중요한 조세제도였다.[2] 조선시대 지세제도는 결부법(結負法)으로 불리었는데, 이 제도에서 지세는 토지의 가격 즉 지가(地價)가 아니라 토지의 생산성(혹은 생산량)에 의해 결정되었다. 지세의 단위인 결(結), 부(負)는 생산된 곡물량의 단위인 동시에 토지면적의 단위이다. 토지 넓이단위로서의 1결은 1결 양만큼의 쌀을 생산해낼 수 있는 규모를 의미한다.[3] 따라서 같은 1결이라 하더라도 토지의 생산성에 따라 토지의 절대넓이는 달라질 수밖에 없다. 가령 토지가 비옥한 경우에는 3,000평 정도의 토지로 1결의 곡물을 생산해낼 수 있는 반면, 토지가 척박한 경우 1결의 곡물을 생산하기 위해서는 이보다 넓은 면적을 필요로 하게 된다. 이 제도는 토지의 생산성이 정확히 평가된다면 과세의 공평성을 높일 수 있는 장점이 있지만, 반대로 생산성의 평가가 임의로 이루어진다면 과세에 부정이 개입될 여지가 많다는 문제를 안고 있다.

---

2) 18~19세기에 있어 국가재정에서 삼정이 차지하는 비율은 전정 46%, 군정 16%, 환곡 36% 정도였던 것으로 추정된다. 이에 관해서는 김옥근(1984, 47면) 참조.
3) 곡물의 양으로서 1결은 100부에 해당되며, 1부는 10속(束), 1속은 10파(把)에 해당된다. 1부는 성인남성이 등에 질 수 있는 곡물의 양을 뜻한다.

결부제에 있어 조세의 공정성과 효과를 높일 수 있는 가장 중요한 조건은 정확한 생산성의 파악이다. 시기와 지역에 따라 달리 나타나는 토지생산성 차이를 정확히 반영할 때 공평한 조세부과가 이루어질 수 있기 때문이다. 이를 위해 원칙적으로 20년마다 토지조사사업인 양전사업(量田事業)을 하도록 규정되어 있었으나 실제로 이 원칙은 제대로 지켜지지 않았고, 특히 조선후기로 올수록 이는 더욱 심해져 일부 지역에서는 18세기 초반 이후 거의 100여년간 양전사업이 이루어지지 않은 경우도 있었다. 양전사업이 실시되지 않음에 따라 그동안 황무지의 개간이나 토지생산성의 증가가 일어나더라도 이에 대한 과세가 이루어지지 않게 되었는데, 얼핏 이는 농민이나 지주에게 상당한 부의 창출을 가져다준 것처럼 보일 수도 있다. 그러나 실제 상황은 이와는 전혀 달랐다. 지방에서 지세를 징수했던 이서계급은 현재의 생산성과 경작상황을 반영한 자신들의 토지대장인 행심(行審) 혹은 깃기[衿記]에 근거하여 세금을 거두었고, 중앙정부에는 오랫동안 개정되지 않은 국가의 공식 토지대장인 양안(量案)에 의거해 세금을 납부하기도 했다.

지방관리와 이서계급의 부정은 여기에 그치지 않았다. 실제로 각 토지의 생산성 결정에는 물론이고 다양한 과세 과정에 온갖 부정이 개입되었다. 결부제에서는 토지의 생산성 등급이 세액 결정에 중대한 영향을 미치는 만큼 토지의 비옥도를 결정하는 과정에서 다양한 부정이 일어났다. 또한 토지의 양안 등재에 있어서도 여러 부정한 방법들이 동원되었다. 가령, 양안에 등재된 비경작지[陳結]의 규모를 늘리기도 하였고, 새롭게 개간된 토지를 양안에 등재하지 않음[隱結]으로써

24

황무지를 개간한 땅에서 거두는 지세를 착복하기도 했다. 양안의 조작을 통한 면세지의 확대에는 민간지주나 국가관리 못지않게 왕실도 적극 참여했는데, 그 결과 왕실 소유의 땅이 점차 늘어나 각 궁에 공식적으로 부여된 200결을 넘어 5,000~7,000결에 이르게 된 경우도 있었다(『增補文獻備考: 田賦考 1』, 162면).

면세지의 확대에 있어 또다른 중요한 방법은 재결(災結)의 분급이었다. 가뭄이나 홍수와 같은 자연재해를 입은 농민들에게 일정한 정도의 면세를 허락하는 제도인 재결제도는 농민을 보호하기 위한 국가의 배려였지만, 실제로는 이와는 다른 방향으로 운영되었다. 자연재해의 정도를 파악함에 있어서도 토지의 생산성 등급 결정만큼이나 주관적 임의성이 개입할 여지가 컸기 때문에 세리들은 여러가지 방법으로 재결의 분배를 활용하여 개인적 이익을 추구했다. 결과적으로 재결은 지방관리와 이서계급의 부정한 이익의 근원이 되었다. 가령, 정약용은 『목민심서』에서 1만결의 재결이 부여되면 그 가운데 지방관리가 1,000결을 가져가고, 이서계급이 8,000결을 가져가 결국 농민에게 돌아가는 것은 1,000결에 불과하다고 밝혔다(丁若鏞 1979, 267면).[4]

지세제도 외에 군정과 환곡에서도 다양한 형태의 부정들이 나타났다. 이러한 조세제도의 문란이 축적되어 결국 농민들은 지방관리와 이서계급의 혹독한 착취에 시달리게 되었고, 국가의 재정도 취약한 상황에 놓이게 되었다. 물론 이 문제는 지방관리와 이서계급의 탓으

---

4) 이외에도 다양한 부정이 조세제도의 운영에서 나타났는데, 정약용은 자신의 경험에 근거하여 삼정의 문란에 관한 생생한 증언을 『목민심서』에 기록하였다.

로만 돌릴 것은 아니다. 지세제도의 문제를 근본적으로 해결할 수 있는 양전사업이 제대로 실시되지 못한 것은 부정의 구조 속에서 이익을 취했던 지주계급과 권력층의 반대가 있었기 때문이다.[5] 그런 점에서 조선후기 농민경제의 파탄과 국가재정의 취약성을 가져온 더욱 근본적인 원인은 기득권집단들 사이의 부정의 결탁에서 찾아져야 할 것이며, 이같은 구조적 모순이 가장 극단적으로 표출된 것이 조세제도인 삼정의 문란이었던 것이다.

무너지는 체제의 안정성: 신분질서의 변화

조선시대 정치구조는 외견상 잘 짜인 중앙집권화된 모습을 띠고 있었음에도 불구하고 실제로는 상당히 분권화된 상태였다. 조선초기 국가건설에 있어 중앙정치는 왕권과 신권이 견제와 균형의 관계를 유지하도록 설계되었으나 시간이 지나면서 점차 신권이 보다 많은 권력을 누리게 됨에 따라 분권화되어갔다. 또한 지방정치에서는 향촌사회에 대한 중앙정부의 침투가 한계를 드러냄에 따라 분권화가 한층 강화되었다. 중앙정부에서 파견되는 관리는 대체로 군현(郡縣) 단위에 그쳤고, 그 이하의 단위에서는 일반적으로 주민들의 자치조직이 향촌사회를 다스렸다. 관리를 자신의 출신지에 임명하지 않는 상피제(相

---

5) 조세제도 특히 지세제도의 개혁에 관해서는 조선후기에 줄곧 여러 논의가 있었으나 궁극적으로는 지주계급의 반대와 국가의 역량부족으로 실행되지 못했다. 이에 관해서는 김용섭(1988) 참조.

避制)나 같은 지역에서 2년 이상 머무르지 않도록 했던 임기제로 인해 지방관리들이 향촌사회의 유지 즉 사족(士族)의 협력 없이 관할 지역을 적절히 통치하기는 어려웠다.

따라서 향촌사회를 통제했던 사족세력은 지방정치에 있어 상당한 권력을 지니고 있었는데, 이들은 지역사회의 일상적인 행정은 물론이며 사법적 기능까지도 일부 수행했다. 향촌에서 사족의 권력기반이 되었던 것은 다양한 형태의 자치조직이었다. 농민들에 대한 효과적인 통제수단으로 활용되었던 가장 대표적인 자치조직으로는 향회(鄕會)와 동계(洞契) 등이 있다. 이러한 경향은 조선시대 대표적 촌락구조인 동족부락의 형성을 통해 더욱 강화되었다. 마을이 단일한 성씨나 혹은 두 성씨도 구성되는 경향이 나타나면서 마을에서 씨족의 어른은 도전받지 않는 권력을 지닌 채 마을의 일상사를 관리하였던 것이다.

이와같이 사족의 비공식적 힘이 향촌사회를 효과적으로 지배할 수 있었던 이유는 조선시대의 신분질서에서 찾을 수 있다. 널리 알려져 있듯이, 조선사회는 양반·중인·평민·천민의 네 가지 신분으로 구성되어 있었다. 중인과 노비는 법적으로 신분이 규정되어 있었던 반면 이 둘의 범주에 속하지 않는 이들은 평민으로, 그리고 평민 가운데 과거시험에 합격한 이들이 양반으로 구분되었다. 시대에 따라 노비를 규정하는 법이 변하기는 했지만 기본적으로 노비는 부모 가운데 한 명이 노나 비의 지위를 가졌다. 그외에도 광대나 무당, 백정과 같은 하층계급을 포함하여 천민이라는 명칭이 사용되었다. 중인은 지방행정의 주요 업무를 담당하는 이서계급과 역관(譯官), 의관(醫官), 산관(算官)과 같은 기술직, 그리고 양반과 첩의 사이에서 태어난 서얼(庶

孼)을 포함하는 범주였는데, 이들은 전체인구에서 매우 적은 부분을 차지하여 흔히 신분별 인구구성을 따질 때 제외되기도 한다.

중인과 천민을 제외한 다른 모든 이들은 잔여범주로서 평민 혹은 상민의 지위를 부여받았다. 평민 가운데 과거에 합격한 이들은 양반의 지위를 획득했는데, 공식적으로는 삼대(三代) 안에 과거합격자를 배출해야 양반의 지위를 유지할 수 있었다. 따라서 조선초기에는 양반과 평민 사이의 경계선이 상당히 융통성 있게 설정되어 있었다. 그러나 16세기 이후 과거에 응시하지 않은 채 지방에 칩거해 있던 사림파(士林派)의 힘이 강화되면서 과거급제라는 객관적 조건보다는 집안에 대한 주관적 평가가 양반을 규정하는 중요한 조건이 되었고, 이에 따라 신분구조에 중요한 변화가 나타나게 되었다. 향촌정치에서 강력한 권력을 행사하던 사림파는 신분의 경계선을 한층 강화함으로써 양반 외의 사회구성원에 대한 통제를 원활히 수행하고자 했고, 이러한 목적을 위해 향촌사회의 자치조직들을 효과적으로 활용했다.

이와같이 사족의 비공식적 통제력이 효과적으로 작동되는 사회구조는 당시의 신분별 인구구성을 통해 확인된다. 아쉽게도 조선 전 시기에 걸친 인구변화를 보여주는 자료는 구할 수 없지만 단편적인 자료를 통해서 신분별 인구구성을 검토할 수 있다. 가령, 대구지역의 인구구성 변화를 보여주는 한 연구(四方博 1938)에 의하면, 17세기 후반(1689) 이 지역의 인구구성은 양반이 전체의 8.3%, 평민이 51.1%, 천민이 40.6%를 차지했다. 또한 울산지역의 자료에서도 비슷한 경향이 나타나는데, 18세기 초반(1729) 이 지역에서는 양반이 전체의 26.3%, 평민이 60%, 천민이 14%를 차지했다(정석종 1972, 283면). 따라서 지역

별로 어느정도 편차를 예상할 수 있지만 기본적인 경향은 양반, 평민, 천민이 피라미드 형태의 안정된 구조를 형성하고 있었던 것으로 보인다. 이러한 인구구성으로 인해 소수의 양반이 다수의 평민과 천민을 지배할 수 있었던 것이다.

그러나 이러한 인구구조는 시간이 지나면서 변화를 겪게 되어 양반의 증가와 천민의 급격한 감소를 보여준다. 앞에서 언급한 대구지역에서는 19세기 중·후반이 되면 양반이 전체 인구의 65.5%, 평민이 32.8%, 그리고 천민이 1.7%를 차지하게 되고, 울산지역에서는 양반이 65.5%, 평민이 34%, 천민이 0.6%를 차지하게 된다. 인구구성에 있어 이러한 변화는 더이상 신분질서에 근거한 비공식적 통제력이 행사되기 힘들어졌음을 의미한다. 물론 이러한 변화를 가져온 다양한 요인들은 조선사회의 변화에 있어 때로는 긍정적으로 때로는 부정적으로 작용했을 것이다.[6] 천민들은 전통사회의 질곡으로부터 벗어날 수 있었고, 부를 축적한 일부 부농은 양반으로의 신분상승을 통해 좀더 향상된 삶을 누릴 수 있었다. 그러나 이러한 긍정적 측면에도 불구하고 조선사회의 체제유지라는 측면에서 보면 이 변화는 체제의 안정성에 결정적인 위협요인이 되었을 것이다.

이와같이 조선사회는 국가재정의 빈곤, 농민경제의 피폐, 조세제도

----

6) 조선사회의 신분질서가 무너지게 된 데는 여러가지 요인이 작용했을 것으로 짐작된다. 그 가운데 중요한 것으로는 농업경제의 발달, 특히 농업생산성의 발달이 있다. 농업경제의 생산성이 높아짐으로써 부를 축적한 일부 평민이 양반의 지위로 상승할 수 있었고, 일부 천민은 노동력을 필요로 하는 다른 지역으로 도피함으로써 신분의 변화를 꾀할 수 있었다.

의 문란, 관리의 부패, 신분질서의 와해와 같은 요인들로 인해 안으로부터 무너지고 있었다. 그러나 이러한 내부적 위기요인에도 불구하고 상당히 오랜 기간 버틸 수 있었던 체제가 결정적으로 위기를 맞게 된 것은 19세기 후반에 더해진 바깥으로부터의 압력 때문이었다. 이 외적 압력은 조선을 더이상 버티기 힘든 위기상황으로 몰아갔고, 이에 대해 어떻게 대응하는가에 따라 국가의 운명이 달라질 수 있는 국면에 처하게 되었다.

바깥으로부터 오는 압력: 외세의 침입

19세기 후반 서구 열강들은 지속적으로 조선에 관심을 보이기 시작했다. 영국, 프랑스, 미국, 러시아 등이 그러한 국가들이었는데, 다행히 이들은 조선보다 중국이나 일본에 더 큰 관심을 가지고 있었기 때문에 조선은 심각한 위기를 피할 수 있었다. 그러나 조선의 이웃이었던 일본은 조선에 대해 이들보다 훨씬 적극적인 태도를 보였고, 일본의 공세에 의해 조선은 마침내 1876년 외국에 문을 열게 되었다. 1868년 명치유신(明治維新)을 통해 위로부터의 개혁을 성공시킨 일본은 계속해서 조선에 국교정상화를 요구했다. 토꾸가와(德川) 시대, 조선과 일본은 형식적으로 불평등한 외교관계를 유지하고 있었다. 조선의 사신은 당시 일본의 수도였던 에도(江戶)에 이르러 고위관료를 만났고, 일단 일본영토에 상륙한 이후 에도에 이르는 중도에 위치한 각 지역 다이묘오(大名)의 융숭한 대접을 받았다. 반면에 조선정부는 공식적으로 일본정부의 사신을 받아들이지 않고 쓰시마(對馬島)의 사신에게만 접견을 허용했다(山邊健太郎 1982, 35~36면).

중국을 세계의 중심으로 그리고 일본을 그 변방으로 인식하던 동아시아의 전통적 세계관에 의해 정당화되던 이 관계는 명치유신 이후 일본이 천황체제로 되돌아가면서 근본적인 변화의 계기를 맞게 되었다. 명치유신 이후 국교정상화를 요구하는 서한에서 중국의 황제만이 사용할 수 있었던 황(皇)과 칙(勅)이라는 단어를 사용했다는 빌미로 조선정부가 일본의 국교정상화 요구를 물리치자, 일본은 오히려 이를 구실삼아 무력으로 조선의 문호를 열려고 했다. 미국의 페리 제독이 했던 것과 유사하게 일본은 1875년 운요오(雲揚)호를 항로측량이라는 명목으로 강화도 앞바다에 파견했고, 이를 공격한 조선군에 대해 월등히 우세한 무력으로 초지진(草芝鎭)에 무차별 포격을 가한 후 영종진(永宗鎭)을 점령했다. 그 이후 일본은 이 전투에 대한 배상을 요구하며 협상을 전개하고 이듬해인 1876년 강화도조약을 체결함으로써 조선의 문호개방을 유도했다.

강화도조약의 많은 부분이 일본의 경제적 이익에 관련되어 있기는 하지만 일본이 조선의 문호를 열도록 했던 가장 주된 이유는 정치적인 것이었다. 이런 의도를 반영하듯, 강화도조약의 첫 조항은 조선이 자주국임을 인정하고 일본과 동등한 권리를 가지고 있음을 규정한다. 물론 일본이 새삼 조선의 자주권을 인정하려는 이유는 중국과 조선 사이에 이어져온 전통적인 주종관계를 부정하고 조선을 일본의 영향력 아래 두려는 것이었다. 그외의 많은 조항들은 조선과 일본 사이에 맺어진 최초의 근대적 외교관계가 불평등조약에 기반해 있음을 입증해준다. 삼항(三港)의 개항 요구, 조계지(租界地)의 설치, 정부의 간섭 없는 자유무역 실시, 조선 해안에 대한 자유로운 측량 허용, 개항장에서 일본인에 대한 치외법권 인정 등이 그러한 예이다.

일본과 강화도조약이 체결됨에 따라 여러 나라들이 비슷한 내용의 외교관계를 요구해왔고, 이미 국력이 쇠퇴해가던 조선으로서는 이들의 요구를 물리칠 수 없는 상황이었다. 결국 1892년 이후 조선정부는 미국을 비롯하여 영국, 프랑스, 독일, 러시아와 수호통상조약을 체결하게 되었다. 이러한 변화는 이전에 경험하지 못했던 새로운 세계 속으로 조선을 몰아넣었다. 중국을 세계의 중심으로 알고 살아왔던 많은 조선인들에게 이러한 변화는 세계의 중심이 흔들리는 혼란이었을 뿐만 아니라, 이로 인해 이전에는 자신들의 생활과는 무관했던 바깥 세계의 일들이 직접적으로 일상생활에 영향을 미치는 상황에 직면하게 되었다. 이른바 세계의 시간과 공간(world time and world space) 속에 조선이 위치하게 되었고, 이에 따라 이전에 누적되었던 체제의 위기가 새로운 차원으로 상승되었다. 내적 위기에 단순히 외적 위기라는 새로운 요인이 첨가된 것이 아니라 이 둘이 상호작용하면서 이전과는 질적으로 다른 위기로 확대 및 심화된 것이다. 이 위기는 마침내 더이상 체제의 지속을 어렵게 만드는 국가적 위기로 발전되었다.

위기와 기회의 변증법

19세기 후반 조선이 맞이한 위기는 분명 조선의 정체성을 위협하는 근본적이고 결정적인 위기였다. 그렇다고 해서 이 위기가 일방적으로 조선의 운명을 결정하여 조선의 식민화가 필연적으로 예정되어 있었던 것은 전혀 아니다. 위기의 정도와 내용에 있어서는 조금 차이가 있을지라도 일본도 20~30년 앞서 조선과 비슷한 위기의 상황을 겪었다. 그러나 일본은 명치유신을 통해 자발적 근대화를 성공시킴으로써 제국주의 국가로 부상했고 동아시아의 이웃국가를 위협하는 거대한 힘으로 성장할 수 있었다. 그런 점에서 19세기 후반 조선이 처했던 위기상황도 한편으로는 분명히 조선의 주권유지에 대한 위협이었지만 다른 한편으로는 조선을 새롭게 하여 근대적 변화를 추구할 수 있는 기회로 작용할 수도 있었다. 결국 당시 조선이 겪고 있던 국가적 위기에 대해 조선인들이 어떻게 그리고 얼마나 효과적으로 대응했는가에 의해 조선의 운명이 상당한 정도로 결정될 수 있었던 것으로 이해해야 한다. 그렇다면 당시 조선이 처한 위기는 조선에 대한 위협요인(threat)과 기회요인(opportunity)으로 나누어질 수 있을 것이고, 기회와 위협이 어떤 방식으로 상호작용했는가를 살펴볼 필요가 있다.

19세기 후반 조선의 국가적 위기가 가져온 위협과 기회의 요인은 다음과 같이 나누어질 수 있다. 정치적으로 보면 이 위기는 분명 조선의 주권을 위협하여 조선을 일본의 식민지로 전락시킬 수 있는 요인으로 작용했다. 집권층으로서는 자신들이 누리고 있던 정치적 권력을 상실한다는 의미를 지니고 있지만, 조선의 민중 전체에게도 이 위기는 독립국 국민으로서의 지위를 상실하고 다른 나라의 이등국민으로 전락할 위험성을 내포하고 있었다. 그러나 이 위기는 다른 한편으로 분권화된 정치구조를 개편하여 중앙집권화를 이룰 수 있는 기회가 될 수도 있었다. 조선후기의 정치적 위기가 왕권과 신권의 대립 속에서 왕권이 힘을 잃어가는 분권화에서 비롯되었다는 점에서 볼 때 이 위기의 상황은 특히 중앙집권화된 근대적 국가구조를 수립할 수 있는 기회가 되었음도 분명하다. 실제로 유럽의 일부 국가, 가령 프러시아와 스웨덴도 이와 유사한 위기 속에서 중앙집권화된 국민국가를 수립함으로써 위기를 극복한 실례를 보여주었다(Anderson 1974). 우리 역사에서도 개화파라는 새로운 정치적 지배세력이 등장하면서 적극적인 정치개혁을 시도했으며, 이에 대한 대응으로서 보수 관료들도 나름대로 개혁을 시도했다는 점에서 분명 이 시기는 새로운 정치변혁의 기회가 되었다.

경제적으로도 이 위기는 일부에게는 위협으로 다른 일부에게는 기회로 작용했다. 가장 심각한 경제적 위기를 경험했던 것은 빈농들이었다. 조선후기 들어 줄곧 조세제도의 문란으로 인해 농민경제의 파탄을 경험하고 있던 빈농들은 개항과 함께 일본으로 미곡이 수출됨에 따라 새로운 위기를 맞이하게 되었다. 흔히 전통사회의 근본적 변화를 초래하는 요인으로 농업의 상업화를 지적하는데(가령, Moore 1966; Wolf 1969; Paige 1975), 조선의 경우도 예외는 아니었다. 미곡수출과 함께 농업의 상업화가 이전과는 비교할 수 없는 수준으로 확대되자 농민들은 이전보다 훨씬 심한 약탈에 시달리게 되었고, 시장경제의 도입과 함께 닥친 극심한 인플레이션은 이전에는 경험하지 못한 새로운 위기의 요인으로 작용했다. 그러나 다른 한편으로 지주와 부농은 농업의 상업화를 통해 엄청난 부를 축적할 수 있는 기회를 맞았다. 동시에 이들은 시장경제의 메커니즘을 적절히 활용하여 새로운 상공업 자본가계급으로 성장할 수 있는 가능성도 갖게 되었다. 서구에서도 농업의 상업화와 함께 일부 농업자본가들이 상공업 부르주아지로 성장하여 궁극적으로는 부르주아혁명을 통해 근대국가를 수립한 경우가 있었다. 그런 점에서 농업의 상업화와 시장경제의 도입은 분명 조선에게 위협이자 동시에 기회가 되었던 것이다.

사회·문화적으로 볼 때, 19세기 후반 조선이 맞이한 위기는 이전과는 다른 세계관 혹은 가치체계의 수립을 요구했다. 유학의 세계관을 궁극의 가치로 믿고 살았던 이들이 바깥으로부터 오는 압력에 직면하고 일본의 성장을 목격하면서 느꼈을 위협은 상당했으리라 짐작된다. 기존 세계관으로부터의 탈피는 이들에게 새로운 가치체계의 수립을 요구했고, 그런 점에서 존재론적 불안(ontological insecurity)의 근원이 되었다. 그러나 다른 한편으로 이 위기는 조선이 '민족'이라는 단위를 중심으로 하나로 통합될 수 있는 기회를 제공해준 것도 사실이다. 이전의 중화사상과는 다른 조선의 민족주의를 발전시키고 이 새로운 가치체계 속에서 민족의 통합을 이룸으로써 사회변화의 계기를 마련할 수도 있었던 것이다. 많은 제3세계 국가들이 19세기 유럽 제국의 침입을 경험하면서 민족주의를 발전시키게 된 것도 이런 점에서 우연이 아니었으며, 실제로 당시 조선에서도 새롭게 민족이 발견되고 민족주의 담론이 형성되고 있었다. 그런 점에서 본다면 19세기 후반의 위기는 또다른 차원에서 위협과 기회의 요인으로 작용했다고 볼 수 있다.

지금까지 제시한 것과 같이 19세기 후반 조선이 맞이한 국가적 위기를 위협과 기회의 요인이 중첩된 것으로 인식한다면 두 가지 가능성 가운데 어느 쪽으로 역사가 진행되었으며, 왜 그렇게 되었는가를 밝히는 것이 진정 중요한 과제로 부각된다. 위기를 극복하여 새로운 기회를 실현하려는 여러 시도들이 실제로 진행되었던 것은 분명하다. 국가구조를 중앙집권화하여 근대적 국민국가를 수립함으로써 국가적 위기를 극복하려는 시도가 개화파와 보수관료에 의해 각각 시도되었고, 위기를 극복하려는 농민의 시도는 동학농민운동을 통해 구체화되었으며, 새로운 시장경제의 기제를 통해 부의 축적을 극대화하려는 시도도 지주와 부농에 의해 적극적으로 추진되었다. 또한 이들 다양한 사회적 주체들을 하나로 묶으려는 민족주의 담론도 형성되고 있었다. 그렇다면 이들의 다양한 시도들은 어떤 목적을 지니고 있었고, 어떤 결과를 가져왔으며, 이후의 역사변화에 어떤 의미를 지니고 있는가를 살펴보는 것이 이 시기의 연구에 있어서나 이 시기를 현대의 관점에서 새롭게 해석하는 데 있어 중요한 시사점을 제공해줄 수 있을 것이다.

이러한 의도하에 이 책은 19세기 조선이 맞이한 국가적 위기를 조선인들은 어떻게 인식했으며, 어떤 사회적 변혁을 통해 이 위기를 극복하려 했는지 보려고 한다. 또한 그 과정에서 이들은 어떤 모습의 근대를 추구했으며, 이들의 시도는 어떤 결과를 가져왔으며 또한 어떤 역사적 의미를 지녔는지 살펴보려고 한다. 우선 다음 장에서는 조선의 지식인들이 국가적 위기가 점증되던 당시의 시대적 상황을 어떻게 서로 다르게 인식했으며, 이들은 어떻게 근대를 도입/거부하려 했는지 검토한다. 3장에서는 오랜 억압의 질곡에서 벗어나려는 농민들이 동학농민운동을 통해 어떻게 밑으로부터의 변혁을 추구했으며, 이를 통해 어떻게 국가적 위기를 극복하려 했는지 보기로 한다. 4장과 5장은 위로부터의 개혁을 추진한 국가의 정치엘리뜨들이 주도한 갑오개혁과 광무개혁을 각각 검토함으로써 이들은 어떤 방식의 근대적 변화를 추구했으며 이들이 시도한 근대적 개혁의 성패와 결과가 가진 함의를 짚어보려고 한다. 6장에서는 전통에 기반한 근대적 개혁을 통해 조선을 새롭게 하려 했던 대한제국기 개신유학자들의 자강사상을 살펴보고 이들이 생각한 근대의 기획을 문명개화론의 『독립신문』에서 나타난 근대적 변혁사상과 비교해본다. 7장과 8장에서는 전통사회에는 존재하지 않았던 부르주아지라는 새로운 사회계급의 형성을 통한 근대적 변혁의 가능성을 검토하는데, 7장에서는 농업의 상업화에 의한 자본축적의 가능성을 그리고 8장에서는 자본을 축적한 일부 지주와 부농이 부르주아지로 전환되어 전통사회를 근본적으로 변화시킬 수 있는 가능성을 분석해본다. 마지막으로 9장에서는 개항에서부터 조선의 식민화에 이르는 과정에서 나타난 근대로의 길과 식민으로의 길이 어떻게 교차하면서 상호작용하여 조선의 식민화와 근대의 도입이 동시에 나타났는지를 분석하기로 한다.

제2장

새로운 세계의 인식과 근대의 모색

19세기 말 조선이 처한 상황은 분명 위기이자 동시에 기회였다. 이 상황이 위기로 끝나고 말 것인지 혹은 새로운 근대화를 위한 기회로 작용할 것인지는 바깥으로부터 오는 압력에 의해 일방적으로 결정될 문제는 아니었다. 오히려 더욱 중요한 변수는 이러한 상황에 대해 당시의 조선인들이 어떤 인식을 가지고 있었으며, 어떻게 대응했는가이다. 조선보다 한 세대 앞서 비슷한 경험을 했던 일본의 예는 외적 요인에 대한 내적인 대응이 한 국가의 근대화에 있어 얼마나 중요한가를 상징적으로 잘 보여주고 있다. 이런 관점에서 본다면 19세기 말 조선의 상황이 상당히 중요한 위기구조를 형성했음에도 불구하고 이 위기로부터 어떤 결과가 나올 것인지는 몇가지의 선험적 요인에 의해 일방적으로 결정되는 것이 아니라 다양한 가능성을 가진 열린 문제였다.

　　조선이 처한 19세기 말의 상황에서 어떤 사회적 변화가 가능했는
지를 검토하기 위해서는 우선 조선인들은 당시의 상황을 어떻게 인식
했으며, 당시의 위기를 극복하기 위해 어떤 해결책을 모색하고 있었
는가를 살펴볼 필요가 있다. 당시의 민중들이 위기상황을 구체적으로
어떻게 인식했는지를 직접 보여주는 자료는 많지 않다. 동학농민운동
과 같이 사회운동을 통해 자신들의 의사를 표현한 경우가 아니면 이
들의 내면세계를 알 수 있는 길은 별로 없다. 그러나 당시의 지식인들
은 다양한 형태로 사회적 상황에 대한 인식의 틀을 서로 다르게 형성
하고 표현했다. 한편으로는 조선의 전통적인 정체성을 온전하게 지키
려는 시도가 있었고, 이와는 달리 어떤 형태로든 조선을 새로운 세계
로 근대화시키려는 시도도 다양하게 나타났다. 전자는 흔히 위정척사
론자(衛正斥邪論者)들로 불리고, 후자는 서양의 근대성을 얼마나 받
아들이고 전통적인 유학을 어느 정도 포기하려 했는가에 따라 동도서
기론자(東道西器論者), 변법론자(變法論者), 문명개화론자(文明開化
論者)로 나누어진다. 그런 점에서 이 장에서는 당시의 주된 사회적
행위자들이었던 유학자들과 유학의 틀을 벗어나려는 개화파가 조선
의 상황과 조선을 둘러싼 세계에 대해 어떤 인식을 보여주었으며, 조
선이 나아갈 길을 어떻게 탐색하고 있었는지 살펴보기로 한다.

전통적 세계의 고수: 위정척사

　　앞장에서 설명했듯이, 19세기 말 조선이 맞이한 위기의 근원은 안

과 밖으로부터 동시에 나타났다. 내적 위기가 상당히 오래 지속된 만성적인 것이었다면, 바깥으로부터 오는 위협은 즉각적이며 가시적이었다. 따라서 조선사회가 안으로부터 무너져가는 것이 좀더 근본적인 문제일 수는 있었지만 당시의 지식인들은 바깥에서 오는 압력을 더 직접적인 위기의 근원으로 느꼈던 것 같다. 아마 바깥으로부터 오는 위기는 이들이 오랫동안 지켜왔던 정체성을 근본적으로 뒤흔들었기 때문에 그러했을 것이다. 이들이 직면한 문제는 이전에는 경험하지 못했던 새로운 세계를 어떻게 인식하고 지금까지와는 전혀 다른 상황을 어떻게 규정할 것인가였다.

급변하는 시대적 상황에 대한 인식의 전환은 새로운 세계관을 구성하도록 요구했다. 그런데 위정척사론자로 불리는 당시의 일부 유학자들은 전통적인 조선의 정체성과 전통적인 세계관을 끝까지 고수하려고 했다. 세계관의 구성에 있어 가장 기본적 요소는 시간과 공간의 개념인데, 이들은 전통적인 시간과 공간의 개념을 버리지 않고 새로운 세계관의 구성을 거부했다. 먼저 시간개념에 관해서 보면, 이들이 지키려고 했던 시간은 새로운 사회로의 진화를 의미하는 발전론적 진보의 시간이 아니라 유교적 전통으로 회귀하려는 시간개념이었다. 프랑스의 사회학자 에밀 뒤르켐(Durkheim 1965)이 주장했듯이, 시간의 개념은 생래적으로 타고나는 것이 아니라 사회적 생활 특히 종교적 의례(儀禮)의 주기적 반복을 통해 구성되는 경향이 있다. 조선시대의 전통적 시간개념도 이런 특징을 지니고 있었다. 당시 널리 쓰이던 시간개념을 표현하는 역(曆)은 한편으로는 자연의 변화를 반영하며 다른 한편으로는 유교적 행동의 주기를 표상하는 것이었다. 농업사회에서 농경에 필요한 가장 기본적인 지식을 얻기 위해서는 자연의 변화를 시간의 체계로 표현해야 한다. 언제 땅을 갈고, 씨를 뿌리고, 추수를 할 것인지는 전통적 농업사회에 필수적으로 요구되는 시간의 개념이었다.

이와 함께 조선시대의 전통적 시간개념에는 개인의 행동을 규제하는 장치가 들어 있었다. 가령, 인간으로서 살아가는 데 필요한 가장 기본적인 행동인 관혼상제(冠婚喪祭)에 관한 모든 규칙이 시간에 따라 지켜져야만 했다. 언제 제사를 지낼 것이며, 얼마나 오랫동안 상례를 치를 것인지, 삶의 주기 가운데 어느 시점에서 관례와 혼례를 치러야 할지가 인간생활의 규범으로 마련되어 있었던 것이다. 그외에도 많은 유교의식이 일정한 시간석 간격을 두고 주기적으로 반복되도록 시간체계가 구성되었다. 만약 통치자나 유학자가 이러한 시간의 개념을 어기게 되면 우주의 조화와 사회의 질서를 무너뜨리는 행동으로 간주되기도 했다. 그런 점에서 전통적인 유교적 시간개념에는 인간으로서 살아가기 위해서는 언제 어떻게 행동해야 한다는 도덕적 모델이 내재되어 있었다. 이러한 모델이 존중될 때에만 사회가 조화를 이루고 안정을 유지할 수 있었다는 점에서 유교적 시간개념은 사회의 질서와 조화를 유지하는 필수적 도구였다. 따라서 조선시대의 전통적 시간개념은 자연현상의 변화에 근거한 자연적 시간과 개인의 생활주기를 규제하는 사회적 시간을 동시에 포함하는 것이었다.

유교에서 이러한 시간개념을 정당화하는 것은 이(理)의 원리이다. 해가 뜨고 지는 하루의 변화나 봄·여름·가을·겨울로 바뀌는 계절의 변화를 인간은 오직 천지의 이를 통해서만 알 수 있으며 이러한 원리를 깨우쳐 자연과 조화를 이루고 살아가는 것이 인간의 도리로 여겨졌다. 유교에서는 이와같이 형이상학적 원리에 근거하여 시간개념을 정립하고 있기 때문에 시간이 어떤 방향을 향해 나아간다는 목적론적 개념이 결여되어 있었다(정재식 2005, 225, 228면). 이러한 시간개념은 서구의 근대적 시간 의식과는 상당히 다르다. 서구에서는 초월적 신의 존재를 설정하고 시간의 변화는 곧 신의 의지가 표현된 것으로 이해함으로써 역사를 목적론적으로 해석하는 경향이 있다. 그러나 초월적 신이 결여된 유교에서는 우주의 구성을 형이상학적 원리에 따라 설명하고 이를 통해 시간개념을 설정함으로써 역사가 어떤 방향으로 나아간다는 진보의 개념이 자리잡기 힘들게 된다. 물론 서구에서도 종교에 바탕한 목적론적 시간개념이 다양한 형태로 바뀌어갔지만, 여전히 시간이 어떤 특정한 방향으로 진행되어간다는 생각은 유효했다. 이는 계몽주의 이후 서구의 많은 사상(가령 칸트, 헤겔, 맑스의 사상 등)에서 발견되는 특징이기도 하다. 미래를 기준으로 현재를 파악하는 서구의 발전론적 진화론과 달리 유교의 시간관에서 보는 역사는 과거에 근거하여 현재를 가늠하는 것이다. 그렇기 때문에 유교에서는 현재 사회가 준거의 틀로 삼아야 할 발전의 방향은 미래가 아니라 고대 요순(堯舜)시대나 삼대(夏, 殷, 周)와 같은 과거로 설정되는 경우가 많다. 결국 위정척사론자들은 진화론에 근거한 발전론적 시간의 개념보다는 전통적인 과거지향의 시간개념을 고수하려 했던 것이다.

공간의 개념에 있어서도 이와 유사한 특징을 찾을 수 있다. 조선의 전통적 지식인들의 공간개념은 중심과 주변의 이분법이었는데, 중심에는 문화를 이룬 중국이 자리잡고 있으며 그 주변에는 야만이 있었다. 이렇게 함으로써 중국과 변방의 국가를 분리시키고 문화와 야만을 분리시키는 화이관(華夷觀)을 발전시켰다. 화이관의 밑바탕에는 세계와 우주의 공간을 인간의 신체에 비유하는 유기체적 천인상관설(天人相關說)이 있었다. 즉, 가슴과 배는 인체의 중심이며 사지가 그것의 주변적 대행자인 것처럼, 중국이 우주의 중심이고 천하의 모든 변방국가들은 중국을 섬겨야 한다는 것이다(정재식 2005, 206면). 서양과 일본의 침입에 맞서 조선의 전통적 정체성을 끝까지 지키려 했던 이항로(李恒老), 최익현(崔益鉉), 유인석(柳麟錫) 등의 유학자들은 이러한 공간의 개념을 버리지 않았다. 가령, 유인석은 "중국은 세계의 주류[大宗]이며 하늘과 땅의 중심이다. 중국이 바로 서면 세계가 안정되고 천지가 이루어진다. 중국이 넘어지면 세계가 어지러워지고 천지가 무너질 것이다"라고 하여 중국 중심의 세계관을 비유적으로 표현했다(柳麟錫 1973, 상권 506면).

　이러한 공간의 이분법에 의하면 서양은 야만의 무리일 뿐만 아니라 사악한 무리였다. 서양의 본질은 도덕이 아니라 이익을 추구하는 무리이며, 이익을 추구하는 것은 인간이 아니라 짐승[禽獸]의 기능에 불과한 것으로 인식되었기 때문이다. 따라서 유교의 전통을 지키고 유교 외의 이단을 몰아내려고 했던 대부분의 위정척사론자들은 이러한 인식에 따라 일본도 서구와 동일한 금수의 무리로 규정했다. 물론 시간의 변화에 따라 서양과 일본에 대한 인식이 조금씩 바뀌어가기도 했고, 유학자에 따라 차별성이 나타나기도 했다. 가령, 최익현은 청일전쟁 이후 종래 금수로만 인식했던 서양과 일본을 모두 이적(夷狄)이라는 표현으로 바꿈으로써 여전히 야만의 무리이긴 하지만 이제 하나의 국가로 인식하기 시작한 반면, 유인석은 조선이 식민지로 전락한 이후에도 일본을 여전히 금수로 표현했다(김도형 1994, 234면).

서양과 일본을 야만과 금수로서 하나의 공간 속에 포함시킨 위정척사론자들은 이들과 대립되는 공간 속에 조선을 배치시켰다. 이들에 의하면 조선은 원래 야만[東夷]의 범주에 속했으나 유학을 받아들이고 유학의 가르침을 널리 전파하여 유학에 기반한 국가를 세움에 따라 야만의 풍속을 바꾸어 소중화(小中華)로 발전되었다(柳麟錫 1973, 하권 6면). 이렇게 함으로써 조선은 중국과 같은 공간 속으로 편입되었는데 일부 유학자들은 한걸음 더 나아가 조선의 정체성을 유독 강조하면서 중국을 배제한 채 조선만을 중심의 공간에 위치시키려는 경향도 보여주었다. 특히 유인석은 명(明)이 청(靑)으로 교체된 이후에는 중국에서조차도 유교의 예와 도덕이 쇠퇴하여 화(華)와 공맹(孔孟)의 도덕이 소중화인 조선에만 남아 있다고까지 주장했다.

위정척사론자들이 이와같이 중국과 조선을 중화의 공간으로 그리고 서양을 야만의 공간으로 분리시키는 밑바탕에는 전통적인 음양사상이 놓여 있었다. 가령, 이항로는 도덕을 추구하는 중국과 조선은 양(陽)의 기운으로 구성되어 있는 반면, 도덕은 상실한 채 물질적 이익을 추구하는 서양은 음(陰)의 기운으로 이루어져 있다고 주장했다. 그렇다면 양의 기운을 가진 조선이 음의 기운을 가진 서구에 비해 한결 우월할 수밖에 없으며 동시에 조선은 서구와의 접촉을 최대한 피해야 한다는 결론에 이르게 된다. 그가 보기에 서양은 "근본적으로 태극(太極)이 만물의 근원임을 알지 못하고 형체 있는 것과 형상 있는 것으로 천지가 만들어진 것으로 인식하여 간편한 것을 즐기고 이(利)를 좋아하는 마음으로써 윤리를 단절하여버리고 예절을 걷어치워"버렸다(李恒老 1975, 391면). 따라서 도덕을 가진 조선은 올바름[正]이 되며 탐욕을 지닌 서양은 도와 예를 저버린 사악함[邪]이 되기 때문에 당연히 올바른 것은 지키고 사악한 것은 배척해야 하는 것이다. 그런 점에서 이들이 궁극적으로 배척하려고 한 것은 서양의 종교만이 아닌 서양의 모든 것이었다.

이들은 심지어 서구와의 교역도 조선에게는 전혀 이로울 것이 없다는 생각을 지녔다. 서구의 공산품은 얼핏 사람에게 편리한 것 같아 보이나 실상은 사람의 마음을 현혹시켜 피폐하게 만들며 도덕과 예의를 타락시킬 것이므로 받아들여서는 안되는 것으로 여겨졌다. 이런 맥락에서 이항로는 서양이 공산품은 하루의 생산으로도 남음이 있지만 우리의 농산품은 일년 생산으로도 오히려 부족함이 있음을 주장하면서 조선의 농산품과 서양의 공산품을 교역하는 것이 불합리함을 주장했다. 이와 유사하게 최익현도 서구의 수공업품은 그 양이 무한한데, 우리의 물화(物貨)는 토지생산품으로 그 양이 유한하여 둘 사이의 교역은 조선에 피해만을 가져오게 됨을 주장했다(김도형 1994, 231, 240면). 이러한 주장에는 상당히 순박한 인식에 기반하여 서구를 배척하는 측면도 분명 있으나, 실제로 이들은 제국주의적 교역의 문제점과 서구 열강의 이권침탈에 대해서 주의깊게 분석하고 이를 고발했다. 시대적 상황에 대한 이러한 인식으로 인해 당시 조선의 위기는 결코 서구의 도입을 통해 해결될 수 있는 것이 아니라 서구의 배척을 통해서만 극복될 수 있다는 것이 이들의 결론이었다.

서구적 근대의 탐색: 동도서기론과 변법론

19세기 후반에 조선의 문을 완전히 닫아버리려는 위정척사론자들과는 달리 서구가 조선이나 중국에 앞서 근대화를 이룬 것으로 판단하고 어떤 형태로든 이를 도입하려는 시도도 동시에 일어났다. 이러한 태도는 주로 국가운영의 현실적 책임을 지고 있던 집권층을 중심으로 나타났는데, 이들은 조선을 근대적 세계로부터 완전히 단절시키는 것이 곧 조선의 정체성을 지키는 것이 아니라 그 반대의 결과를 가져올 수도 있다는 위기의식을 가지고 있었다. 서구에 대한 개방적 태도는 쇄국정책을 추진하던 대원군이 물러나고 고종의 친정체제가 확립되면서 표면화되었다. 고종은 1876년과 1880년 두 차례에 걸쳐 일본에 수신사를 파견하여 일본과 서구의 문물에 대해 배우도록 했으며, 1880년 통리기무아문(統理機務衙門)을 설치하고 임오군란 이후에는 이를 통리교섭통상사무아문(統理交涉通商事務衙門)으로 개편하여 국정의 근대화를 추진하였다.

조선의 집권층이 이러한 개방적 태도를 보인 이유는 개항을 통해 확인된 일본의 힘이 서구적 근대화에 기반하고 있음을 인식했기 때문이다. 이에 따라 서구와 일본의 근대적 문물을 일정한 정도로 조선에 도입하는 것은 불가피한 시대적인 사명이 되었고 이를 뒷받침하는 여러 주장들이 제시되었다. 그 가운데 대표적인 사람이 박규수(朴珪壽)였다. 북학파 실학자인 박지원(朴趾源)의 손자이며 진주민란의 안핵사(按覈使)로 파견되어 농민들의 비참한 상황을 직접 목격한 그는 누구보다도 강한 개혁의지를 갖고 있었다. 그가 의도한 국가개혁은 서구적 근대문물의 도입을 통해 이루어질 수 있는 것이었다. 중국의 문물을 받아들여 조선을 발전시키려는 북학론(北學論)의 전통이 이제는 서구 문물의 도입을 정당화하는 논리로 바뀌게 되었다. 이러한 사고의 전환을 가능하게 한 것은 서구의 기술이 고대 중국의 성인들이 밝혀낸 원리에 근거하고 있는 만큼 중국에 그 기원을 두고 있다는 서기중국원류설(西器中國原流說)이었다(백승철 2004, 164면). 이런 생각에 근거해서 서구의 제도와 종교는 부정하더라도 그 기술을 부정할 필요는 없다는 도기분리설(道器分離說)이 제시되면서 조선의 고유한 도를 지키면서 서양의 기술을 도입하려는 동도서기설(東道西器說)이 시대의 중요한 흐름으로 형성되었다.

조선에서 동도서기론에 입각하여 서양의 문물을 받아들이려는 양무론(洋務論)이 나타난 계기는, 1872년 청에 사신으로 다녀온 박규수가 청에서 일어난 양무운동의 성과를 보고하면서부터였던 것으로 보인다(주진오 1997, 166면). 박규수는 서양을 여전히 이적이나 금수로 표현하면서도 청이 서양기술을 받아들이면서 서양인들에게 이익을 뺏기지 않고 오히려 강해질 수 있었음을 주장했다. 이때 도입하려 했던 서양기술 가운데 가장 큰 관심의 대상이 된 것은 군사기술이었다. 일찍이 연행사 권대긍(權大肯)이 위원(魏源)의 『해국도지(海國圖志)』를 조선에 소개한 이래로 집권층은 서양의 군사기술을 받아들여 국가를 방어해야 한다는 해방론(海防論)에 관심을 갖고 있었다. 박규수는 이후 해방론을 넘어 개국론을 주장하게 되었다.[7]

----

7) 박규수에 대해서는 다양한 평가가 이루어지고 있다. 일부 학자(가령, 이완재 1999)

서양의 도와 기술을 분리하고, 전자는 배척하되 후자는 중국에 기원을 두었기 때문에 적극 수용할 수 있다는 입장이 결국 양무론으로 발전되면서 1880년대 들어 구체적인 사업들이 진행되었다. 서양 혹은 일본의 기술을 배우기 위한 수신사의 파견이나 근대화를 위한 정부기구 개편과 제도의 정비 등이 추진되기 시작한 것이다. 이러한 양무사업을 핵심적으로 추진하면서 논리적 기반을 제시한 것은 박규수의 제자였던 김윤식(金允植)이었다. 그는 개화(開化)를 현실에서 필요한 일을 도모하는 것[時務]으로 규정하고, "변방의 미개족이 거친 풍속을 고쳐 구주(歐洲)의 풍속을 듣고 점차 고쳐나가는 것"이라고 주장했다. 그러면서 조선은 이미 문명의 땅이기 때문에 다시 개화할 필요가 없으며 서양기술의 수용도 조선의 도를 확립하기 위한 것에 불과하다고 주장했다(김도형 2004a, 110면). 따라서 그는 서양의 기술과 함께 서양의 제도와 종교를 도입하려는 급진개화파에 대해서는 강한 부정적 태도를 보이면서 서양의 도입은 기술에 한정해야 한다는 입장을 취했다.

유교의 도를 지키면서 서양의 기술을 도입하려는 양무론의 태도는 조선에서 여러가지 반향을 불러일으켰다. 한편으로는 철저하게 조선의 전통적 정체성을 지키려는 유학자들의 반발을 초래하여 보수성향의 유학자들이 만인소(萬人疏)를 통해 반대의사를 분명히했고, 다른

는 박규수가 동도서기론적 사상전환을 이루었기 때문에 양무론과 결부시킬 수 있다고 주장하는 반면, 다른 일부(가령, 주진오 1993)에서는 박규수가 개국을 주장한 것은 서기의 수용을 상정한 것이 아니라 무기기술이 발달한 서양세력과의 무력충돌을 막아보려는 의도 때문이라고 주장한다.

반대쪽에서는 양무론이 지향하는 서구적 근대의 도입이 불철저함을 비판하기도 했다. 전자에 관해서는 이미 위정척사론자들의 입장을 살펴보았기 때문에 여기서는 서구의 적극적 도입을 통해 동도서기론의 한계를 극복하려는 시도에 관해 살펴보도록 한다. 동도서기론의 한계를 넘어서면서 근대화를 적극 추진하려는 시도는 다시 몇가지로 분류될 수 있는데, 그 가운데 가장 급진적인 태도는 유교를 배척하면서 서구의 종교인 기독교까지도 수용하려는 문명개화론의 입장이다. 이에는 미치지 못하지만 동도서기론에 비해서는 상대적으로 급진적이었던 변법론의 입장도 나타났는데, 변법론자들은 유교를 전면적으로 부정하지 않으면서도 서구를 도입함에 있어서는 서양의 문물에 그치지 않고 법과 제도로까지 나아가야 한다고 주장했다.

서양의 법과 제도를 도입하겠다는 변법론에는 실로 다양한 인물이 포함되며 이들 사이의 차별성도 어느정도 존재한다. 변법론의 생각을 구체적인 개혁사업으로 발전시킨 것은 뒤에서 살펴볼 갑오개혁이다. 이 개혁운동에 주도적으로 참여했던 김홍집(金弘集), 어윤중(魚允中), 유길준(兪吉濬), 김윤식 등이 변법론을 대표하는 여러 생각과 실천을 보여주었다. 앞에서 보았듯이, 김윤식은 한때 동도서기론을 충실하게 대변하는 입장이었으나 1890년대 들어 서구의 도입에 있어 한결 적극적인 태도로 바뀌었다. 그외에도 급진개화파가 주도한 1884년의 갑신정변 이후 갑오개혁에 이르는 시기에 다수의 동도서기론자들이 변법론으로 생각을 전환해갔다. 이들은 여전히 유교의 도덕적 정당성을 완전히 부정하지 않으면서도 유교에 기반한 제도를 서구(혹은 일본)식 제도로 바꾸려는 시도에 기꺼이 동참했다. 이러한 태도의 변화에는 청일전쟁에서 승리한 일본의 우월함이 서구식 제도의 도입에서 비롯되었다는 인식이 크게 기여하였다(주진오 2004, 39면).

그러나 이들은 기독교의 전면적 수용으로까지 나아가지는 않았으며 서구적 법과 제도를 도입함에 있어서도 대체로 점진적인 태도를 보였다는 점에서 급진적 개화를 기획했던 문명개화론자들과는 차별성을 가진다. 이 점은 전면적 정치제도의 개혁을 꿈꾸었던 유길준의 경우를 통해 쉽게 확인할 수 있다.[8] 유길준은 서구의 나라들이 아시아 국가들에 비해 부유하고 강한 이유는 이들이 군민공치(君民共治)의 제도를 도입했기 때문인 만큼 조선도 이를 적극 고려해야 한다고 주장했다. 이러한 주장은 전통적 정치질서로부터 상당한 정도로 이탈하고 있다. 유길준은 나라의 나라됨이 군주의 존재와 군주의 섬김에 있음을 인정함으로써 군주의 신성함에 대해서는 의문을 제기하지 않았지만, 군주가 국가에서 어떤 역할을 할 것인가에 대해서는 전통적 생각과 다른 측면을 보여준다(兪吉濬 1969, 85면). 전통적으로 군주와 국가가 동일시되던 것과 달리 유길준은 추상적 존재로서 국가의 실체를 새롭게 인식했다. 이 국가는 군주의 개인적 임의성이 아닌 법에 의해서 운영되는 것이 바람직하다고 주장하면서 그는 이러한 새로운 정치체계를 정부라는 이름으로 불렀다. 이런 맥락에서 유길준은 개화의 덕이 곧 정부의 공평한 법률에 있으며, 정부의 형태에서도 '훌륭한 법과 아름다운 제도'에 의해서 군민(君民)이 함께 다스리는 정치체제인

---

8) 유길준, 김옥균 등의 개화파 사상에 관한 논의는 김동노(1999)의 일부를 수정·보완한 것이다.

입헌군주제가 부국강병의 기회와 문명을 도모함에 적당하다고 주장한다(兪吉濬 1969, 138, 148면).

변법론자들이 서구적 제도를 받아들임에 있어 정치적 제도 못지않게 관심을 가졌던 것은 경제제도였다. 1890년대 이래 변법개화파 사상가들은 상공업 진흥과 서구(혹은 일본)와의 적극적 교역을 주장할 정도로 경제제도의 근대화에 열성적이었다. 유길준은 제국주의적 경제침략의 본질을 인식하지 못하고 거의 무조건적인 상공업의 진흥과 그에 따른 대외교역의 필요성을 강조할 정도였다. 그는 일본의 대조선 교역에서 나타난 상업적 간계도 보다 근본적으로는 상업의 대도를 알지 못한 주선의 잘못 때문인 것으로 탓했다. 따라서 그가 보기에 자본주의의 침략대상이었던 여러 국가들은 스스로의 미개화와 인민의 태만으로부터 비롯되는 문제점을 지니고 있었고, 이에 대한 타개책은 상공업의 진흥과 활발한 해외교역을 통해 "미개한 나라를 권하여 상호를 개척하는 개화의 안내역"을 따르는 것이었다. 더 나아가 자본주의 제도의 바탕이 되는 사적 소유권의 확립과 보호에 있어서도, 유길준은 개인의 재산권은 국가의 보호대상이라고 보고 인민의 당연한 권리 가운데 하나로 '재산의 권리'를 설정했다(兪吉濬 1969, 117면).

그러나 그는 이러한 근대적 변혁을 추구할 때 급진적이고 혁명적인 방법을 따를 것이 아니라 점진적인 방법이 최선의 방안임을 강조하여 온건한 개화의 방향을 따르려 했다. 그 주된 이유는 개화를 3등급으로 나눌 때 조선은 반(半)개화 상태에 있으므로 점진적인 개량의 방법을 통해 완전한 개화로 나아갈 수 있다고 보았기 때문이다. 그런 점에서 그는 조선을 미개의 야만상태에 있다고 본 문명개화론자들과는 상당히 다른 입장을 지녔으며, 이들을 강하게 비판하기도 했다. 즉, 그는 "외국이면 어떤 것이든 모두 좋다고 하고 자기 나라 것은 어떤 사물이든지 좋지 못하다고 하면 … 이런 것을 개화당이라고 하기도 하지만 … 실상은 개화의 죄인일 뿐이다"라고 하여 문명개화론자와의 차별성을 분명히했다(兪吉濬 1969, 382면).

갑오개혁에 참여하지 않았던 일부 변법론자들은 유교적 전통을 한결 강하게 지키려는 경향을 보여주기도 했는데, 특히 대한제국 시기 유학을 새롭게 함으로써 국가의 위기를 극복하려는 시도를 보여준 개신(改新)유학자들이 그러하다. 대한제국기에 시도된 광무개혁의 기본 이념이 구본신참(舊本新參)이었던 것처럼 박은식(朴殷植), 장지연(張志淵), 그리고 『황성신문(皇城新聞)』의 발행을 주도한 개신유학자들도 유학의 틀 속에서 서구적 근대화를 모색했다. 광무개혁이 공식적으로 옛것을 기본[舊本]으로 한다고 공표되었지만 갑오개혁을 통해 이룩된 성과를 전면적으로 부정하기보다는 대부분 계승하고 있다는 점에서 서구제도의 도입은 여전히 중요한 시대적 과제였다. 이를 반영하듯 개신유학자들도 적극적으로 서구제도의 도입을 주장했으며, 실제 이들의 주장은 문명개화론의 입장을 띤『독립신문』의 주장과 그리 다르지 않았다(이 책 6장 참조). 이들 사이의 차별성은 이들이 도입하려는 서구적 법과 제도에서가 아니라 유학을 어느 정도 포기할 것인지를 둘러싼 대립에서 나타난다. 개신유학자들이 개혁사상의 기반으로 삼았던 것은 조선후기의 실학이었으며, 그들이 주장한 서양 도입의 정당화 논리도 유교의 변통론(變通論)이었던 것이다.

전통을 넘어 서구적 근대로: 문명개화론

서구의 탐색과 도입에 있어 변법론자들보다 한걸음 더 나아가 가
장 급진적인 생각을 보여준 것은 조선의 전통적 종교인 유교를 부정
하면서 기독교의 긍정성을 주장하는 문명개화론자들이다. 김옥균(金
玉均)과 박영효(朴泳孝)로 대표되는 문명개화론자들도 처음부터 이
런 급진적 생각을 가진 것은 아니었다. 임오군란 이전까지만 하더라
도 김옥균의 생각은 동도서기론자였던 김윤식의 사상과 크게 다르지
않았다. 그러나 임오군란을 거치면서 서구문명을 받아들이는 정도에
있어 김옥균은 상당한 인식의 변화를 경험하게 되었다. 김옥균과 박
영효는 그 이후 일본을 방문하고 구미의 외교관이나 선교사를 만나면
서 더욱 급진적인 생각을 키워갔는데, 특히 후꾸자와 유끼찌(福澤諭
吉)가 이들에게 미친 영향은 절대적이었다. 이들로부터 받은 영향으
로 인해 문명개화론자들은 서양의 법과 제도를 수용하는 것은 물론이
며 서양의 종교를 도입하는 것까지도 고려하게 되었다. 유길준과는
달리 조선을 야만상태로 규정한 이들은 기독교를 믿는 나라들이 문명
개화를 이루었던 만큼 기독교를 통해 조선의 문명개화가 가능하리라
믿었으며, 기독교를 통해 조선의 위기를 극복할 수 있다는 믿음을 가
지기도 했다. 가령, 김옥균은 미국인 선교사에게 기독교의 조선 전파
를 장담하면서 다른 한편으로 미국인 선교사의 학교와 병원 개설에
큰 도움을 주기도 했다(유영익 1992, 93면). 또한 윤치호는 "우리나라 교
육을 도와주고 인민의 기상을 회복시킬 것은 예수교밖에 없다"는 과
감한 주장을 제시하기도 했다(尹致昊 2001, 556면).

기독교의 수용과 더불어 이들은 서구의 법과 제도를 도입함에 있어서도 과감한 급진성을 보여주었다. 갑신정변 시기에 이들은 공화제(共和制)를 전통적 정치체제에 대한 대안으로 심각하게 고려했다. 미국에 사절로 다녀온 홍영식은 고종에게 대통령제에 관해 복명(復命)했으며, 김옥균과 박영효는 갑신정변 시기에 고종 폐위와 대통령제의 실행을 도모했다(서영희 1995, 266면). 갑신정변 실패 후 공화제는 더이상 의미있는 현실적 대안으로 간주되지 않았지만 혁명적 변혁을 추진한 박영효, 안경수(安駉壽) 등의 일부 문명개화론자들은 여전히 고종의 폐위를 생각하고 있었다. 그러나 고종 폐위가 곧 공화제를 의미하는 것으로 보기에는 무리가 있으며 오히려 대다수는 입헌대의군주제를 현실적 개혁방안으로 생각했는데, 이 정치체제에서의 통치란 법률과 장정(章程)에 따른 법치의 특징을 지닌다. 법치의 이념은 군주권의 절대성이나 임의성에 일정한 제약을 가함을 의미한다. 가령, 독립협회가 군민공치의 이상과 함께 헌의 6조에서 "황제권을 강화하라"는 조항을 채택함으로써 군주권의 강화를 정치적 이상으로 제시하고는 있지만, 군주가 모든 권력을 자의적으로 행사할 수 있는 정치형태를 지향한 것은 아니다. 오히려 군주의 권한은 법률에 의한 정치를 실행하려는 의정부에 의해서 일정한 정도로 통제될 수밖에 없는 상황이었다.

이와 유사하게 박영효는 내정개혁에 관한 건의서인 건백서(建白書)를 고종에게 올리면서 조선의 제도를 전면적으로 재구조화하도록 제안했다. 그는 "모든 사람은 불가동(不可動)의 통의(通義)를 가지고 있는데, 그 통의란 사람이 스스로 생명을 지키며 자유로울 수 있으며,

행복을 희망하는 것"이라고 하여(朴泳孝 1973, 49~67면), 서구의 계몽주의 사상에서 나타난 자연권과 유사한 생각을 표현했다. 이러한 생각을 실천하기 위해 그는 군주의 권한 축소(7조), 개인을 보호하지 못하는 정부에 대한 혁명의 정당성(8조), 신분제의 폐지(8조), 근대적 교육의 실시(6조) 등을 건백서에 담아 제출했다. 이는 같은 시대의 변법론자들이 생각한 사회개혁 방안보다 훨씬 급진적이며 혁신적인 내용으로 평가될 수 있다.

이들의 급진성은 경제제도의 근대화에서도 확인되는데, 김옥균은 1885년에 국왕에게 보낸 서한에서 "오늘날 세계가 상업을 주로 하고 산업의 많음을 다투는 때에 이르러, 양반을 제거하고 그 폐원을 삼진하도록 노력하지 않으면 국가의 폐망이 기다릴 뿐이리라"고 했다(김영작 1989, 141면에서 재인용). 이는 국가의 존망이 상공업 발전에 달려있으며, 상공업을 발전시키기 위해서는 직업에 따른 신분적 차별을 폐지해야 한다는 주장이다. 물론 변법론자들도 서구적 경제제도의 도입을 주장하고 있지만, 김옥균이 1880년대에 이미 서구적 산업발전과 사회적 신분제의 철폐를 연결시켜 주장했다는 것은 상당한 급진성으로 평가된다.

문명개화론자들이 보여준 사회개혁의 생각이 시대를 앞서갈 정도로 급진적인 만큼 이들의 태도에서 조심스러운 측면도 나타난다. 특히 기독교 수용 문제에 관한 입장에서 이러한 특징을 찾을 수 있는데, 이들은 당시 조선이 처한 위기를 극복하는 데 기독교가 가진 긍정성을 인정하지만 여전히 유교에 대해 애매한 태도를 보이고 있는 것도 사실이다. 많은 경우 유교를 직접 비판하기보다는 기독교의 긍정성을 강조하는 것에 머무르고 있으며, 유교를 강하게 부정하더라도 사회적 윤리의 차원보다는 개인적 신앙의 차원에서 그러한 경우도 있었다.[9] 이는 유교의 힘이 여전히 강력함을 의미하며 동시에 전통의 완전한 부정이라는 것이 현실적으로 얼마나 어려운가를 보여준다. 그래서 이들은 꽤나 많은 시간이 흐른 이후에야 사회적 지지를 어느정도 확보할 수 있었다. 급진개화파인 김옥균과 박영효가 시도한 갑신정변은 민중의 지지기반이 전혀 없는 상태에서 일어나 외세가 개입하자 쉽게 무너졌고, 그 이후 이들이 정치적 힘을 다시 회복하는 데는 오랜 시간이 필요했다. 갑오개혁이 실패로 돌아간 이후 미국의 영향력이 강화되면서 문명개화론자들은 일정한 활동공간을 마련했고, 특히 이전의 개혁이 가진 한계를 교훈삼아 사회적 지지의 확보에 관심을 두면서 사회운동을 전개했다. 이러한 노력은 『독립신문』과 『ᄆᆞ일신문』 등을 통해서 가장 잘 나타나고 있다.

김옥균, 박영효 등의 초기 문명개화론자들이 쇠퇴하면서 1890년대 이후 문명개화론의 전통은 윤치호, 이상재(李商在), 서재필(徐載弼), 이승만(李承晩), 안창호(安昌浩) 등에 의해 계승되었다. 이들은 독립협회에 참여하고 『독립신문』을 통해 문명개화론의 이상을 전파하려 했다. 물론 시간이 흐름에 따라 개화파 내부에도 많은 갈래가 생겨났고, 국가의 위기가 점차 심화되면서 『독립신문』과 독립협회에 개화파 이외의 많은 인사들이 참여하게 되었지만, 그럼에도 불구하고 문명개

---

9) 유교에 대한 윤치호의 비판이 이 경우에 해당되는데, 이에 관해서는 김도형(2004b, 59면) 참조.

화파는 『독립신문』과 독립협회에서 중추적 역할을 담당했다. 이들이 가진 혁신적 개혁사상의 내용이나 중요성은 이미 많은 연구에 의해 잘 밝혀져 있다. 이들은 자주독립사상, 자주민권사상, 자강개혁사상 등을 제창함으로써 선구자적 위치에서 조선의 혁신적 개혁을 위한 청사진을 제공해주었다(신용하 1976). 이들의 생각들은 국가적 위기를 극복하여 조선을 새롭게 하고자 했던 중요한 단서들임에 분명하다.

그러나 이들의 생각에서 나타나는 또다른 측면에 대해서도 동시에 고려할 필요가 있다. 가령, 이들이 생각한 경제제도의 근대화에 관해 상당수의 연구들(가령, 서영희 1995; 주진오 1995)은 이들의 경제개혁을 자본주의 경제의 도입으로 풀이하고 있다. 물론 자본주의를 어떻게 정의할 것인가에 따라 이들이 추진한 경제제도의 근대적 변화를 자본주의적인 것으로 볼 수 있는가가 결정될 것이다. 그러나 자본주의를 맑스(Karl Marx)와 같이 '자본가-임금노동자'간의 계급관계 형성이나 시장경제의 도입으로 이해하든, 혹은 베버(Max Weber)와 같이 '노동의 합리적 조직화'로 규정하든, 당시 개화파가 추진한 경제개혁의 이상을 자본주의로의 발전으로 이해하는 것은 무리이다. 물론 이들이 상공업의 중요성을 인정하고 중상주의적 정책 제시를 통해 자본주의적 생각을 발전시키고 있는 것은 사실이지만 이들이 여전히 농본주의에 기반하여 보여준 자본주의에 대한 인식은 상당히 소박한 믿음에 기초하고 있다. 특히 제국주의적 특징을 지닌 자본주의에 대한 이해에 있어서는 분명한 한계가 나타난다.

이들이 상공업의 중요성을 직접 깨닫게 된 계기는 계속되는 외국의 경제적 침탈이었다. 러일전쟁 이전까지 러시아는 고종과 친러파

각료의 후원하에 국가재정과 화폐체계에 대한 지배력을 강화했고, 영토에 대한 조차권 확대, 철도와 전신의 부설권, 그리고 벌목권 확보 등을 통해 조선의 경제적 이익에 적극적으로 개입했다. 독립협회는 외국의 이러한 요구들이 국가의 경제적 자립을 결정적으로 해칠 수 있음을 대중집회를 통해 계몽하기 시작했고, 실제로 이들이 주최한 대중집회에 성공적으로 참여자를 동원할 수 있었던 것도 민중들이 이 문제의 심각성을 깨달았기 때문이다.

그러나 다른 한편으로 이들은 특권상인 중심의 도고(都賈)체제를 해체하고 자유상업체제의 도입을 주장했는데,[10] 이 생각이 외국과의 무역에까지 확장되면 외국상인의 침입을 용이하게 하여 심각한 위험을 초래할 수도 있었다(주진오 1995, 194면). 이들은 열강과 통상을 확대하는 것이 생활의 윤택함을 가져다주기 때문에 정치적 주권의 침해와 동일시되어서는 안되며 오히려 무역의 확대를 통해 경제개발이 가능하다고 보았다. 가령, 일본으로부터 공산품을 수입하고 대신 농산물과 광산물을 수출하는 것이 그 구체적 방안으로 제시되었다. 이러한 논리는 주변부 국가가 세계경제체제에 편입됨으로써 중심국(제국)의 원료공급지가 되고 대량생산 상품의 시장으로 전락하는 제국주의적 무역체제를 의미한다.

독립협회의 이러한 논리는 지금까지 우리가 흔히 접했던 주장인 '독

----

10) 이들이 도고체제의 해체를 주장한 것은 분명하지만 다른 한편으로 개화정권이 도고 상인에게 많이 의존했던 것도 역시 사실이다. 그런 점에서 이들이 도고체제의 해체를 주장한 것은 고종이나 민씨정권과의 권력투쟁으로부터 비롯되었다는 해석도 가능하다.

립협회의 외국 이권침탈에 대한 저항'과는 상반되는 것이다. 그런데 여기서 주목할 것은 독립협회가 외국의 이권침탈에 반대하기는 했지만 그 대상은 대부분 러시아였다는 사실이다.[11] 이는 당시 러시아가 한반도에 새로운 제국주의 세력으로 부상하자 이를 경계하기 위해 경제적 이권침탈에 대한 저항을 표현한 것으로 이해된다. 실제로 독립협회는 외국의 경제침투 그 자체에 대해서는 강한 반감을 지니지 않았고 때로는 적극적인 이권양여를 주장하기도 했다. 가령, 『독립신문』(1898년 8월 31일)은 하나님이 주신 기름진 땅과 지하자원은 어느 나라 사람이든지 그것을 사용할 권리가 있으며 이를 "쓰지 못하는 사람이 필경 남에게 빼앗기는 것은 정당한 일"이라는 주장을 제기하기도 했다.

여기서 더 나아가 이들은 오히려 이권이 여러 나라에 공평하게 배분되어야 할 필요가 있다고 강조한다. 그 이유는 당시 이들이 독립을 유지하기 위해 추구하던 정치적 책략이 강대국들 사이의 견제와 균형에 기반한 중립외교였다는 데서 찾을 수 있다. 이 외교의 구체적 방안은 편중외교를 지양하고 열강에게 이익을 균점배분함으로써 조선 내에서 이들의 이권을 확고히하여 한 나라의 독단적인 지배를 견제하는 것이었다. 결국 이들이 추진한 경제영역의 근대화는 정치적 필요성으로 인해 왜곡되었고 그 결과 자립적 근대경제, 즉 자본주의체제를 수립하는 것이 아니라 제국주의적 침탈로 얼룩진 파행적 모습으로 전락할 위험성을 내포하고 있었다. 독립협회나 『독립신문』이 분명 이러한

---

11) 물론 개화파 중 일부는 시간이 경과할수록 일본의 간섭과 이권침탈에 저항하고 반대한 경우도 있었고, 그 이전에도 러시아 외에 경계의 대상이 되었던 것은 러시아의 동맹국이었던 프랑스였다.

인식의 한계를 나타내기는 했지만, 이것을 그들의 잘못으로 돌릴 필요는 없다. 오히려 이는 제국주의의 본질을 정확히 이해하는 것이 거의 불가능했던 그 시대의 한계로 이해하는 것이 합리적일 것이다.

이와같이 19세기 후반 조선에서 서구의 근대를 도입하려는 시도는 다양한 차이를 보여주었다. 당시의 위기를 인식하고 이를 극복하기 위해 고민한 지식인들을 크게 두 갈래로 나누면, 서양의 완전한 배척을 주장하는 위정척사론자와 어떤 형태로든 서구의 도입을 주장하는 개화론자로 나눌 수 있다. 개화론자들은 다시 서구 도입의 범위와 정도, 그리고 전통(특히 유교)의 포기 정도에 따라 다양한 분파로 나누어진다. 그러나 개화론자들 사이의 구분은 때로는 임의적이고 때로는 중첩되기도 한다. 한 사상가의 생각이 시간의 변화에 따라 바뀌어가기도 했으며, 개인적 문제에 관한 태도와 사회적 의식에 있어 괴리가 나타나기도 했기 때문이다. 또한 이들이 제시한 개화의 점진적 방식과 급진적 방식의 차이가 그리 크지 않은 경우도 간혹 있었으며, 유교의 배척과 기독교의 수용이 한 개인 안에서 모순적으로 대립하기보다는 근본적 고민 없이 양립 가능한 경우도 있었다. 이들 사이의 경계선은 시간이 지날수록 옅어져 독립협회에도 개화파뿐만 아니라 다양한 이질적 세력이 모여들었다. 특히 1905년 이후 국가의 위기상황이 심화되면서 이 경향은 더욱 뚜렷해졌다. 실제로 자신의 사상적 기반이 무엇인가보다는 어떻게 위기를 해결해야 하는가에 관한 실천적 관심이 더욱 강해지면서 이들은 국가의 위기를 극복하기 위한 마지막 시도인 계몽운동으로 모두 결합되어갔던 것이다.

제3장

오래된 질곡으로부터의 탈피

동학농민운동을 통한 밑으로부터의 개혁

500여년간 지속된 조선시대 억압적 사회질서의 최대 피해자는 농민이었다. 농민은 경제적 잉여의 생산자이자 착취의 대상이었을 뿐만 아니라 무절제한 정치권력의 횡포에 무방비상태로 노출되어 있었다. 이들은 수시로 자신이 처한 질곡으로부터 탈피를 꿈꾸기도 했지만 이를 행동으로 옮기려는 시도는 위로부터 가해지는 강력한 억압으로 인해 쉽게 좌절되고 말았다. 또한 이들은 스스로를 하나의 집단으로 묶어 조직화하는 역량에서도 한계가 있었던 만큼 이들의 저항은 산발적으로 그치거나 그다지 효과적이지 못했다.

그러나 1860년대 들어 이러한 경향에 변화가 나타나기 시작했다. 1862년 진주에서 시작한 거대한 저항의 불길이 삼남지방을 중심으로 전국으로 퍼져갔다. 19세기 후반 일상화된 농민운동이 1894년에 이르

러 마침내 이전의 민란과는 질적으로 다른 동학농민운동이라는 대규
모 저항으로 발전된 것이다. 시간적으로는 며칠을 넘기지 못했고 공
간적으로는 군현의 단위를 넘어서지 못했던 이전의 농민운동과는 달
리 동학농민운동은 우리 역사에서 최초의 전국적 규모의 민중저항이
라는 차별성을 지니고 있다. 또한 이 운동은 19세기 후반 조선이 맞이
하고 있던 국가적 위기를 밑으로부터의 개혁을 통해 극복하려 했던
농민들의 시도로 이해될 수 있다. 당시의 위기가 국가의 총체적 위기
였던 만큼 농민들의 개혁시도도 정치, 경제, 사회의 여러 측면에 걸쳐
이루어지는 전면적 개혁의 의미를 지니고 있다.

이러한 역사적 맥락에서 이 장에서는 밑으로부터의 개혁을 통해
국가적 위기를 극복하려 했던 동학농민운동에서 농민들은 어떤 개혁
을 시도했는가를 살펴보려고 한다. 보다 구체적으로 농민들이 동학농
민운동을 일으킨 원인은 무엇이고, 이들이 농민운동을 통해 이루려고
했던 사회는 어떤 사회였으며, 그리고 국가적 위기를 극복하려는 이
들의 시도에서 나타나는 한계는 무엇이었는지를 살펴보기로 한다. 이
러한 문제들을 검토함으로써 시간의 경과에 따라 변해가는 동학농민
운동의 모습을 좀더 역동적으로 그리고 보다 총체적으로 그려보려고
한다.

동학농민운동의 발생과 전개

갑오년(1894) 3월에(이하 모두 음력 기준) 발생한 동학농민운동은 그

해 12월까지 10개월 동안 전국에서 진행된 조선시대 최대 규모의 민중항쟁이다. 이 농민운동은 이전에 계속되어온 민란(民亂) 형태의 농민항쟁과 동학의 종교운동이 결합된 것으로 볼 수 있다. 1862년 진주에서 대규모 민란이 일어난 이후 농민운동은 삼남(경상, 전라, 충청)지역을 중심으로 일상화되고 있었다. 동학농민운동이 일어나기 한 해 전인 1893년에도 고부, 익산, 전주에서 농민운동이 발생해 다음해에 일어날 대규모 농민운동을 예고하기도 했다. 특히 고부지역에서 일어난 민란은 동학농민운동과 직접적인 연계성을 갖고 있는데, 고부지역 군수였던 조병갑(趙秉甲)이 농민들의 노동력을 동원해 만석보(萬石洑)를 쌓은 후 농민들에게 수세(水稅)를 거두는 등 온갖 학정을 거듭하자 전봉준(全琫準)의 아버지 전창혁(全彰赫)이 11월 소장을 제출했다. 이 일로 전창혁이 조병갑에게 장사(杖死)를 당하자, 이듬해 1월 전봉준이 마침내 관아를 공격함으로써 동학농민운동의 전조를 보여주었다. 이러한 시도들이 중첩되면서 1894년 3월 마침내 농민전쟁 형태의 대규모 농민운동이 시작되었다.

　동학농민운동으로 연결되는 또 하나의 흐름은 동학의 종교운동이었다. 교조 최제우(崔濟愚)가 1864년 사학(邪學)으로 몰려 처형된 이후 동학교도의 가장 큰 문제는 정부로부터 동학의 정통성을 인정받는 것이었다. 흔히 교조신원운동(敎祖伸寃運動)으로 불리는 이 종교운동은 1892년 삼례지역에 수천 명의 교도들이 모여 상소를 올림으로써 본격화되었다. 동학의 정통성을 인정할 수는 없지만 동학교도에 대한 관리들의 불법적 약탈은 금지하겠다는 정부의 통첩을 받자 동학교도들은 일단 흩어졌다. 1893년 1월, 수많은 동학교도들이 보은에 모이

기로 결정하고, 박광호(朴光浩)를 소수(疏首)로 하여 광화문에 모여
왕에게 직접 상소를 올리는 복합상소(伏閤上訴)를 시도했는데, 고종
의 회유로 이 운동은 곧 종결되었다. 고종은 처음에 동학교도들의 상
소를 적절한 절차에 따라 처리하겠다고 우호적인 태도를 보였으나 결
국 결정을 번복하여 동학교도들을 실망시켰다(吳知泳 1940, 77~80면).

이 일로 인해 1893년 3월 보은에서 대규모 집회가 일어났고, 거의
같은 시기에 전라도 금구에서도 집회가 시작되었다. 이에 정부는 어
윤중(魚允中)을 선무사(宣撫使)로 보내 해산을 종용하는 한편, 홍계
훈(洪啓薰)으로 하여금 천여 명의 병사를 이끌고 내려가 만일의 사태
에 대비하도록 했다. 정부의 강경한 태도에 또다시 동학교도들은 별
다른 성과 없이 집회를 끝내고 말았지만, 이러한 집회를 통해 농민운
동의 역량은 계속 강화되어갔다. 이즈음에 나타난 중요한 변화는 동
학운동이 단순한 종교운동의 성격을 벗어나 정치적 성격의 운동으로
바뀌어갔으며 농민운동을 이끌어갈 새로운 지도층이 형성되었다는
것이다. 겉으로는 교조신원이 여전히 중요한 운동의 목표였지만 내부
적으로는 척왜양이(斥倭洋夷)와 같은 반외세 혹은 반제국주의 슬로
건들이 등장하여 운동의 성격을 변화시켜나갔다.

마침내 동학의 종교운동과 농민의 민란이 결합되어, 1894년 역사적
인 동학농민운동으로 발전되었다. 1894년 3월 21일 무장(茂長)에 모
인 농민군은 4대 강령을 발표하면서 1차 기포(起包)를 시작했고, 4월
9일 무장현을 점령하면서 창의문(倡義文)을 발표하여 농민운동의 대
의를 공표하였다. 이들이 동학농민운동을 일으킨 이유를 가장 웅변적
으로 보여주는 창의문의 주요 부분은 다음과 같다.

세상에서 사람을 귀타 함은 인륜이 있기 때문이다. 군신부자는 인
륜 중에서 가장 큰 것이라 임금이 어질고 신하가 곧으며 아비가 사
랑하고 아들이 효도한 이후에야 집과 국가가 무강(無疆)의 영역에
다다를 수 있는 것이다. 지금 우리 임금은 인애자애(仁孝慈愛)하고
신명성예(神明聖睿)한지라, 현량방정(賢良方正)한 신하가 있어서 그
총명을 도울지면 요순(堯舜)의 덕화(德化)와 문경(文景)의 선치(善
治)를 가(可)히 바랄 수 있을지라. 그러나 오늘날의 신하된 자는 보
답하기를 꾀하지 아니하고 한갓 녹위(祿位)만 도둑질하여 총명을 가
릴[擁蔽] 뿐이라. … 수재(守宰)의 탐학에 백성이 어찌 곤궁치 아니하
랴. 백성은 국가의 근본이라 근본이 쇠삭(衰削)하면 국가는 반드시
없어지는 것이다. 보국안민의 책(策)은 생각지 아니하고 다만 제 몸
만을 생각하여 국록(國祿)을 없애는 것이 어찌 옳은 일이랴. 우리는
비록 재야의 유민(遺民)일지라도 군토(君土)를 먹고 군의(君衣)를
입고 사는 사람이라 어찌 차마 국가의 멸망(滅亡)을 앉아서 보겠느
냐. 팔역(八域)이 동심(同心)하고 억조(億兆)가 순의(詢議)하여 이에
의기(義旗)를 들어 보국안민(輔國安民)으로써 사생(死生)의 맹서(盟
誓)를 하노니 금일의 광경에 놀라지 말고 승평성화(昇平聖化)와 함
께 들어가 살아보기를 바라노라(吳知泳 1940, 108~109면).[12]

전봉준, 손화중(孫和中), 김개남(金開南)의 이름으로 발표된 창의
문에서 드러나듯이 이들은 부패한 관리에 대한 불만과 보국안민의 대
의를 위해 농민운동을 시작한 것으로 이해된다. 뒤이어 발표한 격문
(檄文)에 보국안민의 방책이 구체적으로 제시되어 있는데, 이는 "안

---

12) 인용된 창의문은 오지영의 『동학사』에 실린 내용을 부분적으로 인용하면서 일부
고어(古語) 표현을 현대적으로 바꾼 것이다.

으로 탐학(貪虐)한 관리의 머리를 베고 밖으로는 횡포한 강적(强敵)의 무리를 구축하려"는 것이었다. 이러한 목표하에 이들은 지방관청을 공격하여 점령한 후 부패한 지방관리를 처단하고 세금을 납부하지 못해 갇혀 있던 무고한 죄인을 방면하고 세곡을 풀어 빈곤한 농민들에게 나누어주었다.

농민군과 관군의 첫번째 중요한 전투는 4월 6일 황토현(黃土峴)에서 벌어졌다. 농민군을 맞이한 것은 관군과 함께 동원된 수천 명의 보부상이었다. 농민군은 볏짚으로 만든 허수아비를 농민군으로 위장하여 배치한 후 매복했다가 공격해오는 관군과 보부상을 습격하여 큰 승리를 거두었다(崔玄植 1980, 68면). 정부는 홍계훈을 호남초토사(湖南招討使)로 임명해 농민군을 토벌하도록 했으나 결국 패하고, 다시 병력을 보강해 농민군을 진압하려 했다. 이때 보강된 군사는 비록 1,000여 명에 지나지 않았지만 모두 서양식 무기로 무장했기 때문에 농민군에게는 상당히 위협적이었다. 농민군은 관군과의 정면대결을 피해 남진(南進)하면서 저항할 힘을 잃어버린 몇몇 지방관청을 쉽게 함락시켰다. 관군의 주력부대가 농민군 추격에 매달려 있는 동안 무안, 영암, 강진 등을 점령하고 전라도의 남쪽 끝에 다다른 농민군은 샛길로 빠져나와 북쪽으로 방향을 바꾸었다. 전주로 북진하던 중 장성(長城)에서 관군과 격전을 치러 승리를 거둔 농민군은 4월 28일 전주를 점령했다.

관군의 본진이 농민군의 추격을 위해 남쪽에 몰려 있었던 만큼 농민군의 전주성 함락은 비교적 쉽게 이루어졌다. 뒤늦게 전주에 도착한 관군은 완산칠봉(完山七峰)에 진을 치고 승패가 없는 전투를 계속하다 사상자만 늘어가자 강화(講和)를 요청하여 5월 7일 전주화약(全州和約)을 맺음으로써 휴전하게 되었다. 그사이 조선정부는 관군만으로 농민군을 진압하기 힘들다는 판단하에 중국에 원병을 요청했고, 5월 초 청군(淸軍)이 인천과 아산에 도착했다. 조선에 관심을 가지고 있던 일본도 군대를 파견하여 며칠 사이로 인천에 상륙해 전주화약이 맺어진 5월 7일 서울에 진입했다. 이들은 결국 6월 23일 청일전쟁을 개시하여 동아시아의 세계질서를 바꾸는 역사적 사건을 일으키게 된다. 이웃 두 강대국의 군대가 대치하고 있는 불안한 상황을 감지한 농민군과 관군은 전쟁을 계속하는 것이 더이상 서로에게 도움이 되지 않는다는 판단에 따라 휴전을 성립시키게 되었다. 전주화약 이후 관군은 서울로 돌아가고 농민군은 전라도 53주에 집강소(執綱所)를 설치하여 폐정개혁에 착수하게 되었다.

애초에 집강소는 지방정부를 보완하는 자문기능을 담당하도록 되어 있었으나 실제로는 행정기구의 역할을 수행했다. 지방정부의 행정절차를 관장했을 뿐만 아니라 사법기능과 함께 지역의 군사기능까지도 맡았다. 때로는 농민군의 집강소체제에 협력하지 않는 지방 수령과 관리를 몰아내기도 했다(「甲午略歷」 1959, 65면). 나주와 남원, 운봉과 같은 지역에서 지방 수령의 저항이 있기도 했지만 때로는 위협을 통해 때로는 실제로 군사력을 동원해 이들의 저항을 무력화시켰다. 동학의 지방행정은 집행기관과 의사결정기관에 의해 나누어 수행되었다. 집행기관은 집강 아래 동학의 전통적인 종교조직으로 구성되었고, 도회(都會)라고 불린 의사결정기구는 농민군의 민중의회와 같은 역할을 수행하면서 좀더 큰 권한을 가지고 있었다(홍성찬 1983, 76면).

동학농민군은 지방행정에 있어 조세의 불법적 수탈에 따른 폐해와 신분차별을 바로잡는 데 많은 노력을 기울였다. 그 과정에서 농민군의 힘이 강해지자 많은 기회주의자들이 참여하면서 부호에 대한 무절제한 약탈과 같은 의도치 않은 부작용도 생겼다. 이에 전봉준은 불법적 약탈을 금하고 빼앗은 재물을 돌려주라는 경고를 보내기도 했다.

그사이 일본군은 경복궁에 진주하여 고종에게 내정개혁을 요구하는 한편 중국과의 전쟁을 준비하고 있었다. 전운을 감지한 조선정부가 양군의 철수를 요청하고 나서자 청은 이에 동조하였으나 일본은 예상대로 이 요구를 거절했다. 이에 청의 리훙장(李鴻章)이 청군을 보강하기로 결정하자 일본도 주한공사인 오오또리(大鳥奎介)에게 중국과 국교를 단절하고 청의 보강병력이 도착하기 전에 개전하도록 훈령을 내렸다(陸奧宗光 1982, 82면). 마침내 일본은 6월 23일 조선에 진주한 청군을 공격하여 청일전쟁을 시작했고, 개전 이후 일련의 전투에서 쉽게 승리를 거두어 전세를 유리하게 이끌어갔다. 8월 중순 평양전투에서 결정적인 승리를 거둔 일본군은 방향을 바꾸어 남쪽에 주둔하고 있던 농민군을 본격적으로 진압하기 시작했다. 이에 맞서 전봉준을 비롯한 농민군의 지도부는 9월 초 2차 기포를 결정하고 새로운 전쟁준비에 착수했다.

그러나 농민군을 결집하려는 전봉준의 시도는 동학 내부의 갈등으로 인해 난관에 봉착했다. 동학의 종교적 정통성을 지니고 있던 북접(北接)이 농민운동을 주도해온 남접(南接)에 대해 적대적 태도를 보였던 것이다. 농민군이 장악하고 있던 시절 부호에 대한 일부 농민군의 약탈이 심해지자 상대적으로 중농 이상의 참여가 많았던 북접은

남접과 결별하여 진정한 동학교도인 북접이 이들을 제압해야 한다고
주장하기도 했다(「시천교역사」 1991, 320면). 동학 내부의 갈등은 결국
오지영(吳知泳)과 같은 다른 온건파 북접지도자의 중재에 의해 해소
되었고, 평안도와 함경도를 제외한 대부분 지역에서 남·북접 연합군
이 형성되었다. 그 결과 호남지역의 남접에서 11만여 명 그리고 충청
과 경기를 중심으로 하는 북접에서 10만여 명이 참여하는 농민군이
결성되었다(吳知泳 1940, 134~35, 140면).[13] 농민군은 남진하던 일본군과
관군을 맞아 곳곳에서 전투를 전개했는데, 결정적인 전투가 공주지역
에서 일어났다. 10월 중순 공주 우금치에서 농민군은 일본군에 대한
전면공격을 감행했으나 우세한 현대식 무기로 무장한 일본군을 견디
지 못하고 패퇴하고 말았다. 일주일 가량 계속된 공주전투에서 농민
군은 회복하기 힘든 타격을 입었는데, 전봉준은 나중에 이 전투를 되
돌아보면서 몇차례의 전투 후 1만여 명의 농민군 가운데 생존자가 오
백을 넘지 않았다고 그 참혹함을 증언했다(「全琫準 供招」 1959, 529면).

공주전투 이후 농민군은 패전과 후퇴를 거듭하게 되는데, 패전에도
불구하고 전봉준은 민족주의에 기반한 연합군 구성을 위해 양반이나
부호, 그리고 지방관리들에게 격문을 보내 항일연합전선 구축을 시도
했다. 그러나 이들은 오히려 각 지역에서 농민군을 물리치기 위한 민포
군(民包軍) 혹은 수성군(守城軍)을 조직하여 농민군의 쇠퇴를 재촉했

---

13) 북접의 참여인원에 대해서는 이론의 여지가 있다. 이돈화는 남북접 연합군이 형
   성되었을 때 북접의 참여자는 6만여 명이라고 주장했다(李敦化 1933, 2편 66면).
   그러나 남북접 연합군이 형성된 이후 남접에서 추가로 봉기한 지역도 있기 때문에
   전체적인 숫자에서는 큰 변화가 없을 것으로 여겨진다.

다. 결국 12월 들어 농민군의 지도자였던 전봉준, 김개남, 손화중이 모두 체포되고 농민군이 해산됨으로써 동학농민운동은 끝나고 말았다.

농민군의 참여동기와 조직화

동학농민운동을 연구함에 있어 가장 기본적인 질문은, 왜 농민들은 막대한 참여비용에도 불구하고 대규모로 이 운동에 참여했는가이다. 민주화된 현대사회와는 달리 전통사회에서 사회운동에 참여한다는 것은 상당한 비용을 치러야만 했다. 농민운동에 참여한다는 것은 자신의 경제적 이익이나 시간을 희생하는 정도가 아니라 목숨을 거는 도전이었다. 그런 만큼 동학농민운동에 참여한 농민들은 매우 강한 참여동기를 부여받았던 것으로 이해된다.

지금까지의 연구에서 흔히 지적된 동학농민운동의 발생원인은 삼정의 문란, 즉 조세의 부정이었다. 한우근(1971)의 고전적 연구에서 시작된 이 견해는 동학농민운동에 관한 가장 믿을 만한 주장으로 받아들여지고 있다. 물론 이 주장이 동학농민운동 분석에 중대한 기여를 한 것은 분명하지만 조선시대에 있어 조세제도의 문란은 19세기 후반 전라도에만 국한된 것이 아니라는 점에서 좀더 심층적인 분석을 필요로 한다. 조세제도의 문란은 최소한 임진왜란 이후 계속된 현상이라는 점에서 19세기 후반에 일어난 농민운동(변수)을 조선후기에 지속적으로 나타난 요인(상수)으로 설명한다면 이는 분명 논리적 모순을 일으키기 때문이다.

그런 점에서 삼정의 문란을 동학농민운동의 발생원인으로 간주하려면 19세기 후반 들어 조세의 문란이 급격히 심해진 것으로 상정하고 이를 가져온 요인이 무엇인지를 찾아야 할 것이다.[14] 이러한 논리적 추론은 실제로 일어난 역사적 사실과 상당한 정도로 부합한다. 그렇다면 결국 농민운동 참여자에 대한 동기부여는 삼정의 문란이 심해지면서 이들에 대한 약탈을 강화시킨 요인에서 찾아져야 할 것이다. 19세기 후반 조선사회에 새로운 변화를 가져온 요인으로는 농업의 상업화가 가장 눈에 띈다. 농산물이 시장에서 상품화되는 농업의 상업화는 거의 모든 농업사회에서 근본적 사회변동의 충격으로 작용했는데 조선에서도 예외는 아니었다. 1876년 개항과 함께 조선의 농산물이 일본으로 수출됨으로써 농업의 상업화는 이전과는 다른 차원으로 변화되었고 이는 여러 측면에서 급격한 변화의 씨앗이 되었다. 조세의 부정을 주도한 지방관리와 서리의 입장에서도 농업의 상업화는 이전과는 다른 약탈의 기제를 마련해준 측면이 있다.

이전과는 달리 조세의 부정을 통해 이루어진 약탈은 농업의 상업화라는 시장경제의 기제를 통해 자본으로 전환될 수 있는 계기를 맞았다. 특히 미곡 무역에 의해 곡가가 급격하게 상승하면서 보다 많은 곡물의 보유는 곧 막대한 농업자본의 축적으로 연결되었다. 이전에는 부정한 약탈의 산물인 미곡을 사고(私庫)에 쌓아두는 것으로 그쳤지만 이제는 무역을 통해 더 많은 자본축적의 기회가 마련되었던 것이다.

---

14) 이런 추론이 성립한다면 삼정의 문란이 19세기 후반에 심해짐으로써 상수(삼정의 문란)가 변수(문란의 심화)로 바뀌게 되어 19세기 후반에 일어난 농민운동의 발생을 설명하는 요인(변수)이 될 수 있다.

이런 방식으로 서구사회와는 달리 조선에서는 정부의 관리(서리)가
농업의 상업화에 적극 참여하였고, 이는 농민들에 대한 약탈을 이전보
다 훨씬 심하게 만드는 데 기여했다. 결국 농업사회에서 자본주의사회
로 가는 필수적 과정인 농업의 상업화가 농민들에게는 고통의 근원으
로 작용하여 이들로 하여금 근대적 경제체제로의 변화에 저항하게 만
들었던 것이다.

이러한 이유로 인해 동학농민운동의 지도자와 참여자들은 대부분
가장 심하게 약탈당했던 사람들이며, 따라서 가장 취약한 경제적 상
태에 놓여 있었다. 실제로 농민운동의 지도자 가운데 김개남만이 어
느정도 물질적 기반을 가진 것으로 여겨지며, 나머지는 대체로 몰락
양반이거나 빈농 출신이었다. 전봉준은 체포된 이후 심문을 당할 때,
자신은 경제적으로 너무나 빈한한 상태에 있었기 때문에 지방관리의
약탈대상도 되지 않았으며, 하루 두 끼를 먹었는데 아침은 쌀과 보리
를 섞은 밥을 그리고 저녁은 죽을 먹었다고 밝혔다. 다른 참여자들의
경제적 상태를 보여주는 정확한 자료는 찾을 수 없지만 당시의 많은
기록들을 통해 빈농과 토지를 소유하지 못한 노비들, 그리고 일고(日
雇) 등과 같이 경제적으로 빈한한 사람들이 농민전쟁에 참여했음을
알 수 있다.[15)]

물론 이러한 경제적 해석이 농민들의 운동 참여동기 가운데 중요

---

15) 농민운동 참여자들의 경제적 상태를 직접 보여주는 자료는 구하기 힘든데, 한 연
구(신용하 1985)에서는 1900년대 자료를 이용하여 참여자들의 경제적 상태를 추론
했다. 이 연구는 농민운동 참여자 가운데 80% 이상이 소작농이었으며 20% 정도가
자작농이었을 것으로 판단했다.

한 부분을 설명할 수 있는 것은 분명하지만, 동학농민운동의 전체적 모습을 보여주기에는 부족하다. 개인의 행동을 설명함에 있어 경제적 이익이 분명 중요한 요인으로 작용하기는 하지만 그것만으로는 여전히 풀리지 않는 의문이 있기 때문이다. 행위자가 경제적 이익만을 따라 행동하게 된다면 운동에 참여함으로써 치르게 되는 비용도 동시에 고려해야 하는데, 운동의 참여비용이 큰 경우 대체로 운동은 발생하지 않게 된다. 그런 경우에는 참여에 따른 개인의 경제적 손익계산을 무의미하게 하는 요인이 필요한데, 주로 종교적 가치관이나 정치적 이데올로기가 이에 해당된다. 그런 점에서 동학농민운동에서는 동학의 종교적 이데올로기가 효과적으로 작동했던 것으로 이해된다.[16] 동학의 종교사상 가운데 농민운동에 영향을 미친 혁신적 내용은 인간평등의 사상과 개벽(開闢)의 이념으로 요약될 수 있다.

동학의 교리 가운데 전통적 사회질서에 가장 근본적인 도전을 제기한 것은 인간평등 사상인데 이는 전통적 신분사회의 질곡 속에서 살았던 일반민중에게 아주 매력적인 대안이었을 것이다. 유교의 이념이 군신, 장유, 부자, 부부와 같은 불평등한 수직적 관계를 정당화하고 있는 데 반해, 동학은 이러한 관계를 부정함으로써 새로운 사회질서를 세울 수 있는 가능성을 보여주었다. 모든 인간은 자신의 세속적 신분에 상관없이 마음속에 신을 실현시킴으로써 평등해질 수 있으며,

---

16) 동학농민운동에 동학이 어느 정도 영향력을 미쳤는가에 관해서는 이론의 여지가 있다. 가령, 농민운동의 지도자였던 전봉준에게 미친 동학의 영향력은 극히 제한적이며 따라서 동학농민운동은 전통적인 민란과 성격이 동일하다는 의견도 제시된다. 이에 관해서는 김용섭(1958) 참조.

이런 상태에 이르게 되면 인간이 곧 하늘과 같은 상태가 된다는 것이 동학의 주장이다. 최제우가 시천주(侍天主)라고 표현한 이 상태에서 모든 인간은 곧 평등해질 수 있게 된다. 이 생각을 이어받아 최시형도 모든 인간이 하늘과 같은 만큼 이들을 하늘 섬기듯이 하라는 사인여천(事人如天)의 이념을 설파했고, 손병희는 이를 인내천(人乃天)으로 발전시켰다. 이러한 생각에 비추어보면 세속적 기준에 따른 인간의 구분은 아무런 의미를 가질 수 없으며, 따라서 그러한 기준에 근거한 현세는 정당성을 부여받을 수 없게 된다.

인간평등 사상에 따른 현세의 부정은 개벽사상과 접합되면서 더욱 혁신적 내용을 담게 된다. 동학에서는 현세가 지극히 병들어 있다는 사회질병설(社會疾病說)을 주장한다. 사회질병은 한편으로는 개인의 이기심에서, 다른 한편으로는 외적 침입에 따른 사회적 불안에서 비롯된다. 흔히 동학에서 동귀일체(同歸一體)로 표현하는 사회유기체적 설명에 따르면, 개인과 사회는 불가분의 관계에 있기 때문에 개인의 발전 없이는 사회의 발전이 이루어질 수 없으며, 동시에 개인은 사회와 조화를 이루지 못하면 발전을 도모할 수 없다. 그런데 개인의 지나친 이기심이 이러한 개인과 사회의 유기체적 조화를 깨트려버렸다는 것이 동학에서 제시하는 사회질병의 한 근원이다. 덧붙여 당시 중국에서 일어났던 서구의 침입과 그에 대한 중국의 무기력한 대응을 목도한 까닭에 동학은 조선이 서구 침략의 다음 희생자가 될 것이라는 우려를 강하게 드러냈다(崔濟愚 1981a, 453면).

최제우는 당시의 이러한 상황을 요순의 통치와 공맹의 덕으로도 구제할 수 없는 심각한 질병상태로 묘사했다(崔濟愚 1981b, 526~27면).

사회의 질병상태를 극복할 수 있는 유일한 방법은 세상의 완전한 재창조였다. 태초의 창조로부터 시작된 현세 즉 하원갑(下元甲)이 다하였으며, 새로운 창조인 개벽을 통해 새로운 세상 즉 상원갑(上元甲)이 시작되어야 하며, 이제는 마침 그 때가 되었다는 것이다. 그러나 사회혁신을 주장하는 이러한 혁명적 이념은 그 실현방법에서 한계를 드러낸다. 동학에 있어 세상을 바꾸는 힘은 사회운동이 아니라 개인이 하늘을 마음속에 모시고 기를 바르게 하는 수심정기(守心正氣)를 통해 얻어진다. 수심정기의 상태를 통해 기(氣)와 이(理)를 조화롭게 하면 모든 것이 행하지 않으면서도 이루어지게[無爲而化] 된다는 것이 동학의 가르침이다. 결국 사회질병에 대한 최제우의 해결책은 행동이 아닌 이념의 영역에서 찾아진다(김영작 1989, 218면). 이러한 수동적·형이상학적 요인에도 불구하고 동학의 혁명적 이념인 인간평등과 개벽사상은 행동을 통해 문제를 해결하려 했던 남접 지도자들과 농민전쟁 참여자들에게는 상당한 호소력을 가졌던 것으로 여겨진다.

농업의 상업화로 인해 농민에 대한 약탈이 강화되어 농민의 경제적 상태는 이전보다 훨씬 열악해졌고, 이념적으로도 동학의 인간평등사상과 개벽사상의 출현에 힘입어 농민운동을 일으킬 만한 충분한 동기를 부여받게 되었다. 그러나 더 중요한 문제는 이러한 동기를 가진 농민들을 하나의 조직으로 묶어 운동으로 발전시키는 것인데, 이 과정에서 중요한 역할을 한 것은 동학의 종교조직이었다. 2대 교주인 최시형의 시대에 들어 정비된 동학의 조직은 독특한 원리를 활용하여 강력한 응집력을 갖고 있었다. 물론 농민전쟁의 모든 참여자들이 동학교도는 아니었으며 동학의 종교적 교리를 충실히 따르지 않았을 가능성도 있지만, 동학의 종교조직은 농민운동의 참여자들을 묶어내는 데 중요한 구심력으로 작용했을 것이다.

흔히 포접제(抱接制)로 불리는 동학의 조직은 지역적 결속성과 개인적 연결망을 결합하여 강력한 조직망을 구축했다. 일종의 교구제인 포(包)는 지역적으로 명확한 경계선을 확정하고 그 경계선 안에 있는 모든 구성원들을 포함하게 된다. 포에는 다시 하위단위인 접(接)이 다수 존재하는데, 접은 포와는 완전히 다른 조직화 원리를 가졌다. 접에서는 지역적 구분의 원리가 아니라 개인적 연결망에 의해 구성원이 충원되었다. 즉, 한 포에 속하는 개인들은 포 내에 있는 여러 접 가운데 지역적 근접성에 따라 자신의 근거지와 가까운 접에 소속되는 것이 아니라 개인적으로 가장 가까운 관계에 있는 접주(接主)의 접에 소속되었던 것이다.

이런 방식으로 개별 참여자들은 우선 접주와의 개인적 관계를 통해 접에 강하게 소속되고, 접은 다시 주어진 지역적 경계 안에서 포로 통합되었다.[17] 포는 다시 종교적 중심인 북접의 통제를 받았는데, 그럼에도 불구하고 각 포는 상당한 자율성을 지니고 있었다. 그래서 동학농민운동을 일으킬 때 전봉준을 비롯한 농민운동의 지도자들이 동학의 중심인 최시형의 북접에 농민운동에 대한 승인과 동참을 요구했다가 거절당하자 남접의 각 포주(包主)에게 참여를 요청했던 것이다. 이 요청에 대해 남접 소속의 각 포주들이 우호적인 반응을 보임으로

---

17) 이렇게 구성된 동학의 조직은 참여자를 동원하는 데 상당히 효과적이었다. 가령, 1893년에 있었던 보은집회에서도 포와 접에 통문을 발송하여 2만여 명의 참여자를 동원했다.

써 1차 전쟁 즉 기포(起包)가 가능했던 것이다. 이러한 포접제도는 당시 정부의 관료제 외에는 거의 유일한 전국적 조직망이었고, 결국 동학농민운동이 이전의 산발적이고 단편적인 농민운동의 한계를 넘어 전국적 운동으로 발전하는 데 기여하게 되었다(김영작 1989, 228면; 梶村秀樹 1968, 56면).

동학농민군이 꿈꾸었던 세상

동학농민운동은 어떤 성격의 사회운동이었고, 이 운동에 참여한 농민들은 어떤 세상을 꿈꾸었던가? 이 문제의 검토를 통해 우리는 동학농민운동의 성격을 규명할 수 있을 것이며, 동시에 농민들이 밑으로부터의 개혁을 통해 추구했던 사회가 어떤 것이었는지도 알 수 있을 것이다. 동학농민운동은 10개월 정도에 걸쳐 진행되면서 운동의 성격이 차츰 바뀌어간데다 운동 참여자들의 구성도 동시에 변화했기 때문에 그 성격을 규명하는 것이 결코 쉽지 않다. 그럼에도 불구하고 어느 정도 위험을 감수하고 동학농민운동에 대한 일반화를 시도해볼 수는 있을 것이다. 1차 기포는 대체로 반제국주의의 요소와 내정개혁의 요소를 동시에 지니고 있지만 내정개혁이 반외세보다 더 중요한 목표로 설정되었던 반면, 일본군에 맞서기 위해 일어난 2차 기포는 분명 반제국주의 투쟁의 성격을 강하게 가졌다.

동학농민운동의 반외세적 성격은 더이상 규명할 필요가 없을 정도로 명확하다. 일본의 침입이 조선의 주권과 농민의 경제적 이익에 직접 위협이 되었던 만큼 최제우가 동학을 창시한 이래 동학교도는 물론이며 농민운동에 참여한 일반농민들에게도 일본은 분명한 적으로 인식되었다. 그러나 내정개혁의 요구는 정치, 경제, 사회의 여러 영역을 포함하기 때문에 이에 대한 농민운동 참여자들의 생각은 좀더 구체적으로 논의될 필요가 있다. 앞에서 제시한 창의문에도 잘 나타나 있듯이, 내정개혁 요구 가운데 가장 직접적으로 표현된 것은 '보국안민을 위해 부정한 관리를 처단'하라는 것이다. 관리의 부정은 다양한 근원에서 발생했기 때문에 이는 특정한 지역에 국한된 것이 아니라 조선 전체의 문제였으며 조선사회의 원활한 작동을 가로막는 총체적인 것이었다. 그런 만큼 동학농민운동에서 계급투쟁의 요소를 완전히 배제하지는 못한다고 하더라도 이 농민운동은 무엇보다 우선 국가와 국가의 관리를 대상으로 하는 운동이었고 국가구조를 전면적으로 재구성하려는 의도를 강하게 포함했다.[18]

밑으로부터의 개혁을 통해 국가를 새롭게 구성하려는 동학농민군의 의도는 이들이 전주화약 시기를 비롯해 전쟁기간에 제시한 다양한 요구조건들을 분석함으로써 확인할 수 있다. 농민군이 제시한 요구조건들은 김윤식(金允植)의 『속음청사(續陰晴史)』, 정교(鄭喬)의 『대한계년사(大韓季年史)』, 오지영(吳知泳)의 『동학사(東學史)』, 「전봉준판결문(全琫準 判決文)」 등에 자세하고 구체적으로 제시되어 있다. 이들 문헌에 나타난 농민군의 주요 요구조건들을 정치, 경제, 사회 분

---

18) 이러한 성격을 반영하듯 동학농민군은 부패한 관리와 이서층을 주된 공격의 목표로 삼았고 정부의 세곡을 빼앗아 농민들에게 분배하였다(黃玹 1985, 154면).

야로 나누어 정리하면 다음과 같다.

정치적으로 농민군이 가장 관심을 가졌던 것은 부패한 관리의 처벌과 농민에 대한 약탈의 근원이 되었던 국가기구의 폐지였다. 가령, 농민군은 각 지역의 부패한 관리의 파면과 처벌, 매관매직으로 정체(政體)를 어지럽힌 관리의 처벌, 과도한 세금포탈을 범한 이서의 처단, 지방관리의 임지(臨地) 전답과 임야 매입금지 등을 요구했다. 동시에 이들은 세곡의 운송을 담당하던 전운사(轉運使), 토지조사와 측량을 위해 파견된 균전어사(均田御使)의 혁파를 요구함으로써 이들이 농민 약탈의 주범이었음을 보여주고 있다.

경제적으로 농민군이 관심을 가진 것은 조세제도와 농업의 상업화였다. 앞에서 설명했듯이, 동학농민운동의 발생이 상당한 정도로 삼정의 문란이라는 조세문제로부터 기인했던 만큼 농민군 요구의 많은 부분이 지세(地稅), 군역(軍役), 환곡(還穀)과 같은 조세제도의 시정에 모아졌다.[19] 가령, 농민군은 환곡의 혁파는 물론이며, 조세를 법에 따라 징수할 것과 세율을 인상하지 말고 예전 세율을 지킬 것, 일단 징수한 세금은 다시 징수하지 말 것, 황무지로부터 세금을 거두지 말 것, 그리고 염세(鹽稅)·선세(船稅)·수세(水稅)와 같은 잡세(雜稅)를 거두지 말 것 등을 요구했다. 농업의 상업화로 인한 곡물의 수출은 곡가를 상승시킴으로써 농민들의 또다른 고통의 근원이었기 때문에 이에 대해 저항하는 요구조건들도 다수 포함되어 있었다. 가령, 농민

---

19) 대동법의 시행과 함께 공납이 폐지되면서 부족한 재원을 확보하기 위해 부세화(賦稅化)한 환곡은 지방정부가 고리(高利)의 이율을 부가하면서 농민들에게 큰 고통의 근원이 되었다.

군은 세곡(稅穀)이 서울로 이송되기 전에 곡물을 수출하는 불법 상행위를 금지하고, 외국상인이 (곡물 수집을 위해) 조선의 내륙지역으로 침범하는 행위를 금지하고, 민간상인에 의한 임의적인 곡물수출을 금지하도록 요구했다.

농민군이 제시한 사회적 요구조건들은 대체로 불평등한 신분질서의 개선과 인간평등의 이상을 실현하려는 의도를 보여준다. 가령, 농민군은 사악한 양반과 유학자의 처벌, 약탈적 부호배의 처단, 노비문서의 소각, 천민에 대한 차별 시정, 과부의 재가 허용, 타고난 신분이 아닌 능력에 따른 관리의 임명 등을 요구했다.

위에서 제시한 농민군의 요구조건들을 종합적으로 검토하면 이들의 급진적 개혁의지가 가장 강하게 나타난 것은 사회적 요구조건임을 알 수 있다. 사회적 측면에서 농민군은 전통적 신분질서에 기반한 양반 지배체제를 전면적으로 재구성하려는 의도를 보여주었다. 농민운동 당시 권력을 장악하고 있었던 갑오개혁 정부도 농민군의 이러한 의도에 호의적으로 반응하여 신분차별의 철폐를 공식적으로 선포했다. 이러한 급진적 개혁에 대한 양반의 반대에 직면하여 조선정부는 나중에 이를 어느정도 완화하여 관직 등용의 기회균등을 보장하는 선으로 물러서긴 했지만(박찬승 1985, 71면), 이는 분명 이전의 불평등한 인간관계를 근대적 평등관계로 전환하는 데 상당한 정도로 기여했다.

그러나 정치적·경제적 측면의 요구조건들은 기존 체제를 혁명적으로 변화시키는 것이라기보다는 오히려 보수적인 측면을 포함하고 있다. 정치적으로 농민군이 왕정체제에 대한 정당성을 부인한 적은 없었다. 농민군의 공격대상이 된 것은 전통적인 정치체제가 아니라

왕의 선정(善政)을 가로막고 있는 사악한 관리와 부패한 이서들이었다. 이들의 부정과 부패가 참기 힘든 상태에 이르렀기 때문에 문제가 생긴 것이었지 정치체제 자체가 부정되어야 할 정도로 문제가 있었던 것은 아니었다. 그런 점에서 이들은 처음부터 지켜져야 할 것(왕정체제와 군주의 권위)과 무너뜨려야 할 것(탐욕스럽고 부패한 관리)을 분명히하였고, 정치적 틀을 완전히 바꾸는 것이 아니라 오래된 틀 속에 새로운 내용(능력 있는 참신한 관리)을 채워넣음으로써 당시 조선이 맞이한 위기를 극복할 수 있을 것으로 기대했던 것이다.

경제적인 측면에서 보면, 농민군의 개혁의지는 더욱 뚜렷한 한계를 드러낸다. 농민군이 경제적으로 추구한 것은 기존의 농업경제체제를 근본적으로 바꾸려는 것이 아니라 당시 농민들의 고통의 근원이었던 조세와 무곡(貿穀) 문제의 해결이었다. 실제로 농민운동을 통해 나타난 대부분의 경제적 요구조건들이 조세부정의 개선을 요청하는 것이었는데, 그나마도 조세제도의 근본적인 개혁이 아니라 구법(舊法)에 따른 세율과 징수를 요청했다는 점에서 이들의 관심사는 단지 관리들의 임의적인 조세부정을 막는 데 있었던 것으로 보인다.[20]

또한 농업의 상업화에 대한 이들의 태도도 여전히 보수적이다. 전통적 농업사회를 근본적으로 재구성할 수 있는 계기가 되는 농업의 상업화에 대해 농민들은 대체로 부정적인 태도를 보여주었다. 물론 곡물의 무역에 의한 농업의 상업화가 이들에게 이익보다는 고통의 근원으로 작용했다는 점에서 충분히 이해되기는 하지만, 이들이 보여준

---

20) 이 경향에서 벗어나는 예외적인 요구조건은 환곡 철폐이다.

태도는 농업사회를 근대적 방향으로 개혁하려는 의도에는 훨씬 미치지 못한다. 따라서 동학농민운동은 농업의 상업화를 통해 보다 많은 이익을 추구하고 이를 방해하는 요인을 제거하기 위한 공격적 동원에 의한 것이라기보다는 구제도의 복원을 통해 새로운 사회변화가 가져오는 불안정과 위협으로부터 자신들을 보호하기 위한 방어적 동원에 의한 것임을 알 수 있다.[21] 이러한 이유로 인해 일부 연구(가령, 임종철 1984, 421면)에서는 동학농민운동이 경제적인 측면에서는 보수적인 운동이며, 심지어 반동적 요소마저도 가진 것으로 평가했다.

이러한 해석에 대한 비판 가운데 하나는 동학농민운동을 통해 농민들이 본격적인 계급투쟁을 실시했고, 이 투쟁은 조선의 전통적 농업사회에 대해 근본적인 도전을 제기했다는 것이다. 이 대안적 해석의 주요한 입증자료로 활용되는 것은 오지영의 『동학사』에 실린 '폐정개혁 12개조(弊政改革 十二個條)'에 나오는 "토지는 평균으로 분작(分作)할 사(事)"라는 조항이다. 이 조항은 농민들의 균등한 경작권은 물론이며 나아가서는 소유권의 균등배분에 관한 요구로 받아들여질 수 있다. 그러나 이 조항의 사료적 가치에 대한 논란이 이미 제기되었으며(유영익 1992), 실제로 이 역사적 자료의 진위에 관해서는 심각한 의문의 여지가 있다.

더구나 농민군이 집강소를 설치하고 실제로 통치를 했던 한 지역에 관한 연구(홍성찬 1983, 95~96면)에 의하면, 농민군이 지역을 완전히 통제하고 있었음에도 불구하고 토지의 재분배와 같은 급진적이고 혁

---

21) 사회운동에 있어 공격적 동원과 방어적 동원에 관한 논의는 Tilly(1978) 참조.

명적인 행동은 일어나지 않았다. 때로는 부농이나 지주에 대한 공격도 있었지만 이는 사회의 변화를 기획하는 체계적인 계급투쟁이 아니라 개인적 차원의 약탈에 가까웠으며, 전봉준은 오히려 이를 제어하기 위해 무절제한 약탈을 금지하도록 경고했다. 개인적 약탈의 수준을 넘어 농민군이 지주와 부농에 대해 체계적으로 자원동원을 시도한 것은 2차 봉기를 위한 대비 때문이었다. 이는 2차 기포를 준비하던 9월 이후에 집중적으로 일어났으며 이에 대해서는 전봉준도 체포된 이후 심문 과정에서 그 사실을 인정했다(「全琫準 判決文」 1974, 149면). 이 시기에 약탈된 자원은 돈이나 곡물과 함께 말, 검, 창 등이라는 점(홍성찬 1983, 73면)에서 볼 때, 이 투쟁은 본격적인 계급투쟁이기보다는 새로운 봉기를 준비하기 위한 자원동원이었음이 더욱 분명해진다.

지금까지 논의한 사실들에 근거해 볼 때 동학농민운동은 조선시대에 가장 많은 민중이 참여한 사회운동으로 이해될 수 있다. 그러나 폭넓은 민중적 기반과 상관없이 이 운동이 지향한 목표는 당시의 국가적 위기를 극복하기에는 한계를 지니고 있었다. 농민들이 조선의 위기를 근본적으로 해결하기 위해 전통사회를 근대사회로 탈바꿈하려는 의지를 보여주었다고 보기는 힘들다. 오히려 이들은 자신이 처한 급박한 현실적 문제를 개선함으로써 체제의 안정성을 되찾아 조선사회가 원래 의도한 대로 적절히 작동되도록 복원하려는 시도를 보여주었다. 물론 이들이 신분질서를 완전히 해체함으로써 새로운 사회질서를 구축하려 한 급진적 혁명성을 가진 것은 인정되지만 여전히 정치 및 경제체제에 있어서는 근대적 변혁을 시도한 것에는 미치지 못하였다. 이 한계는 곧 이들의 인식의 지평이 가진 한계였으며, 동시에 이

들의 행동을 통해 조선이 국가적 위기를 극복하기 어려웠던 근본적
한계였다.

제2부

새로운 근대국가 만들기

제4장

근대적
국가건설의 구상
갑오개혁을 통한 위로부터의 개혁

1870년대에 새롭게 등장한 개화파는 1880년대에 들어 정치세력으로 성장했다. 내적 부패와 외적 침입이라는 국가의 위기를 극복하기 위해 어떠한 방안이라도 동원할 필요가 있었던 고종은 김옥균, 김윤식, 어윤중을 발탁하여 개혁을 추진하려 했다. 정치권력을 획득한 김옥균과 박영효 등은 일본의 후원하에 1884년 갑신정변이라는 급진적 사회개혁을 시도했으나 청의 개입과 이에 따른 일본의 태도변화로 실패했다.

갑신정변이 실패한 이면에는 급진개화파 지도자들이 가진 순박한 국제정세관과 일본에 대한 믿음이 자리잡고 있었다. 일단 정변이 일어나면 일본이 자신들을 도와주리라 생각했던 김옥균 등의 기대는 경제적·정치적 실리에 의해 움직이는 냉혹한 국제정치의 현실 앞에서 무너지지 않을 수 없었다. 일본의 가장 개화된 세계시민적(cosmopolitan) 지식인으로 간주되는 후꾸자와 유끼찌조차도 조선의 독립은 일본의 자본주의 발전에 도움이 되는 한에서 추구되어야 한다고 주장했던 것이 냉엄한 현실이었다.

갑신정변의 실패는 사회변혁의 추진을 10년간 정지시켰고, 대다수 급진개화파의 몰락을 초래했다. 보수파에 의해 장악된 정치적 권력의 틈바구니를 뚫고 개화파가 다시 부상하는 계기가 마련된 것은 사회개혁 요구가 밑으로부터 분출한 동학농민운동 때문이었다. 사회개혁을 통해 민심을 가라앉혀야 했던 고종은 일본의 개혁요구까지 더해지자 개화파에 다시 눈길을 돌렸고, 이번에는 김홍집, 김윤식, 어윤중 등의 온건개화파와 1890년대에 성장한 김가진(金嘉鎭), 조희연(趙羲淵), 유길준 등이 새로운 개혁의 주체로 등장했다. 이들은 1894년과 이듬해의 개혁을 통해 국가구조를 근본적으로 변화시킴으로써 당시 조선이 맞이한 국가적 위기를 극복하려고 했다.

이 장에서는 과연 이들이 시도한 위로부터의 개혁은 어떤 성격의 개혁운동이었고, 이들의 개혁운동이 가진 근대성은 무엇이며, 이들의 시도는 왜 실패로 돌아갔는지, 그리고 이 시도가 가진 역사적 의미는 무엇인지를 따져보기로 한다.[22]

---

22) 갑오개혁에 관한 이 장의 분석은 김동노(2004)의 일부를 수정·보완한 것이다.

갑오개혁의 자율성

흔히 갑오개혁은 일본의 주도로 일본의 이익을 반영하는 방향으로 진행된 것으로 평가된다. 하지만 이 글에서는 갑오개혁이 상당한 정도로 내적·외적 자율성을 가진 국가개혁운동이었음을 밝히려 한다. 외적으로는 개혁정부가 일본으로부터 일정한 정도의 자율성을 확보했으며, 내적으로는 전통적 지배계급과의 차별성으로 인해 이들로부터 자율성을 확보했음을 의미한다. 먼저 외적 자율성에 관해 보면, 갑오개혁의 주체들이 정권을 장악하고 개혁을 추진한 데에는 일본의 개입이 결정적인 힘으로 작용했지만, 그렇다고 갑오개혁이 일본에 의한 타율적 개혁이었다고 주장하기에는 무리가 있다.[23] 일본의 개혁안과 개화파 정권의 개혁안 사이에는 중요한 차이가 있었으며 때로는 둘 사이에 충돌과 갈등이 나타나기도 했다.

개혁을 추진함에 있어 일본이 가장 중요하게 고려한 것은 일본의 이익이었으며,[24] 조선에서 일본이 목표한 가장 근본적인 이익은 중국으로부터 조선을 완전히 독립시키고 일본의 통제하에 두는 것이었다. 이 문제에 관해 일본은 병자수호조약을 통해 조선의 독립을 선포한 만큼 조선은 이를 지킬 의무가 있고, 만약 조선이 이를 거부한다면 조

---

23) 갑오개혁 당시 일본의 정책과 개화파 관료의 입장을 분석한 결과에 따르면, 갑오 개혁은 일본의 제한된 간섭만을 받으며 진행되었던 것으로 보인다(Lew 1974, 30면; 김영작 1989, 313~15면).
24) 당시 일본의 수상이었던 이또오 히로부미(伊藤博文)와 외무장관이었던 무쯔 무네미쯔(陸奧宗光)는 조선의 개혁이 일본의 이익을 충족시키는 방향으로 추진되어야 함을 분명히하고 있다(田保橋潔 1943, 6면).

약에 대한 의무를 소홀히한 책임을 물어 병력으로 사죄케 하고 보상을 받아야 한다고 주장하기도 했다. 따라서 조선이 일본의 권고를 따르지 않는다면 '공갈수단(恐喝手段)'을 사용해서라도 그 실행을 촉구해야 한다는 것이 일본의 입장이었다(田保橋潔 1943, 357~62면). 그런 점에서 일본의 개혁요구는 조선의 왕권을 약화시킴과 동시에 일본의 군사적 이해관계를 충족시키는 것으로 모아졌다. 특히 그들이 관심을 가진 것은 군사적 목적으로 활용될 수 있는 철도의 부설과 전신의 설치, 그리고 경제적 이익을 추구하기 위한 개항장의 확대였다. 물론 그 외에도 많은 개혁조치들이 일본의 개혁안에 포함되어 있었지만 일본의 진정한 의도는 일본의 이익을 충족시키기 위한 것이었던 만큼, 조선의 국익을 확보하려는 조선정부의 의도와는 충돌될 수밖에 없었다. 일본의 개혁의도가 자국의 이익을 충족시키기 위한 제한적인 것이었음은 일본이 청일전쟁에서 손쉽게 청을 물리치고 나서는 조선정부에 대한 강압적 수단의 사용을 자제하고 개혁의 속도를 현저하게 늦추었던 것에서도 확인된다.[25]

일본의 이권이 직접 걸린 몇가지 사안을 제외하고는 일본은 오히려 개화파의 개혁을 방해하기도 했다. 따라서 개혁의 추진과정에서 개화파와 일본은 상호 알력을 빚기도 했고, 특히 박영효는 제2차 갑오개혁기에 때때로 일본의 의도를 무시하고 독립노선을 추구하기도 했다. 조선의 개혁지향 엘리뜨들을 일본과 결합시킨 것은 보수세력을

---

25) 이에 관해서는 日本外務省(1951, 636면 문서번호 429, 643~44면 문서번호 436) 참조.

몰아내고 조선에 대한 청의 사대 주권을 부인하려는 이해관계의 일치였으며, 이 공통된 목적을 위해 서로를 필요한 한도 내에서 이용하고 협력했던 것이다. 개화파의 입장에서는 조선 내의 모든 세력을 보수-사대로 간주한 탓에 개혁의 동반자를 내부에서 구할 수 없었고, 특히 부족한 재정·행정 능력을 보완하기 위해 일본에 의존할 수밖에 없는 한계가 있었다. 그런 점에서 개화파의 개혁이 일본의 침략을 막기에 역부족이었을 수는 있었지만, 이들이 일본의 침략을 여과 없이 수용하려고 원래부터 의도하지는 않았다.

이렇게 하여 일본의 도움을 받아 성립된 개혁정부가 일본으로부터 상대적인 자율성을 지닌 채 개혁을 추진하게 되었는데, 1894~95년의 개혁운동을 위해 등용된 정치엘리뜨들에게서 흥미로운 특징을 찾을 수 있다. 이들 가운데 상당수가 전통적 지배계급과는 달리 사회적·지역적 주변부 출신이라는 점이다. 특히 갑오년의 개혁을 주도했던 관료들 중에는 지역적으로 천대받던 함경과 제주 출신의 인물이 포함되었고, 사회적으로는 중인층과 서자들이 상당수 있었다. 가령, 김가진과 안경수(安駉壽)는 서자 출신, 조희연과 권영진(權濚鎭)은 무관 출신, 고영희(高永喜)와 정병하(鄭秉夏)는 역관 출신, 그리고 김학우(金鶴羽)는 몰락양반 출신이었다(주진오 1995, 58면). 이들은 전통적 관료가 가진 양반의 사회적 지위와 대지주의 경제적 지위를 결여하고 있었기 때문에 전통적 지배계급이 누렸던 기득권으로부터 자유로웠다. 이러한 정치적 엘리뜨로 구성된 관료집단은 기존 사회의 지배집단, 특히 양반-지주계급으로부터 자율성을 확보할 수 있었고, 따라서 이전과는 근본적으로 다른 개혁을 과감히 추진할 수 있는 기반을 가지고 있었다.

근대적 국민국가의 건설

동학농민운동이 진행되는 도중에 개혁정권이 성립되면서 갑오개혁이 시작되었다. 무엇보다 우선 갑오개혁은 조선의 국가구조를 근본적으로 변혁시키려는 방향으로 진행되었다. 개혁지향의 내각이 수행한 첫번째 사업은 국가개혁을 추진할 주체로서 군국기무처(軍國機務處)를 신설하는 것이었는데, 1894년 6월에 설립된 군국기무처는 수많은 의안을 통과시킴으로써 급진적 사회개혁을 추진했다. 특히 가장 적극적으로 활동한 설립 후 3개월 동안에 208개의 의안 등을 통과시켰다. 군국기무처가 주도한 갑오개혁의 가장 중요한 방향은 궁중(宮中)과 부중(府中)을 분리시킴으로써 군주와 왕족의 국정 개입을 엄격히 차단하여 조선의 정치체제를 근본적으로 재구성하려는 것이었다. 이에 따라 군주의 신성한 통치권이 근본적으로 부정되지는 않았지만 실질적인 의결권은 더이상 국왕에게 주어지지 않았다는 점에서 이들 개혁세력이 추구한 정치적 이상은 일본식 입헌군주제였음을 알 수 있다. 이를 위해 갑오개혁 주체들은 고전적인 중국의 조정제도를 모방한 의정부와 6조 중심의 권력구조를 일본식의 입헌군주제와 유사한 형태로 바꾸어 의정부와 궁내부의 2부 그리고 8아문으로 구성된 내각제를 도입했다.

궁중과 부중의 분리를 통해 군주의 권위는 침해되지 않았지만 중요한 현안에 대한 결정권은 실제로 박탈된 것이나 다름없었다. 인사

권의 경우, 국왕이 칙임관(勅任官, 2품 이상)의 관리는 총리대신 이하 상급관료의 제청을 받아 임명할 수 있었지만 3품 이하 관리의 임명은 총리대신과 각 아문대신(衙門大臣)에게 전권을 위임함으로써 상당한 제약을 받았다. 이보다 더 중요한 변화는 군사와 재정에 관한 왕권의 축소이다. 군사에 관해 새로 마련된 규칙에는 군무아문(軍務衙門)이 "전국 육·해·군정을 통할하고, 군인·군속을 감독하도록" 규정하면서 궁중의 근위대에 대한 통수권마저도 군무아문 휘하의 친위대로 귀속시켰다.

더불어 국왕의 경제적 이권을 축소시켰는데, 조선시대 국가재정의 취약성은 오래 전부터 집권층에게 큰 부담이 되었기 때문에 왕권의 제약을 통한 국가재정의 합리화가 개혁의 선결과제로 떠올랐다. 1887년 김홍집이 좌의정 내무대신으로 제수되었을 때 고종을 알현하며, "국가제도로서 국가재정은 3년간 운영하면 1년분의 비축분을 마련하여 전쟁, 흉년에 대비해야 하는데 지금은 당년의 비용조차 충당하지 못하고 있으니 어찌 걱정이 되지 않느냐"고 당시의 상태를 우려했을 정도로 국가재정 문제는 심각한 수준이었다(道園相公記念事業推進委員會 1978, 160면). 국가재정의 취약성이 조세제도의 문란과 이에 힘입은 왕실과 지방관리, 이서계급의 부패의 탓이었던 만큼 개화파는 재정의 중앙집중화를 개혁의 주된 목표로 삼았다. 의정부 아래 탁지아문(度支衙門)을 설치하여 "전국의 재정, 양계(量計), 출납, 조세, 국채 및 화폐의 사무를 통할"하도록 함에 따라 국왕과 왕실은 재정업무에 관여할 수 없게 되었다.

개혁세력은 또한 화폐제도의 정비와 조세의 금납화(金納化)를 포함한 조세제도의 합리화, 도량형의 통일 등을 통해 근대적 경제제도의 도입을 추진하였다. 사회적으로도 조선시대를 제도적으로 뒷받침했던 신분제를 해체하고 노비제를 공식적으로 폐지했다. 신분제의 해체는 천민의 사회적 지위를 높임과 동시에 양반들에게 전통적으로 천시받던 상업에 종사할 수 있는 길을 열어주어 부를 축적할 수 있는 새로운 기회를 제공해주었다. 그외에도, 군국기무처는 법과 교육제도를 개선하고 국가예산제도를 도입함으로써 근대적 국가체제를 갖추려고 노력했다.

갑오개혁을 통해 드러난 근대성은 기본적으로 두 가지로 요약될 수 있다. 하나는 이전의 전통적 지배방식인 군주 개인에 의한 임의적 통치를 법률에 기초한 제도적 통치로 바꿈으로써 국가의 본질을 재정립하려는 것이다. 전통적 국가에서 통치란 어떤 구체적이고 명확한 규칙에 의한 것이라기보다는 공적 영역과 사적 영역의 구분이 불분명한 전인격적인 지배-복종의 관계였다. 물론 조선시대의 전통적 정치에서도 공(公)은 가장 앞서는 명분으로 제시되었지만 공적 영역을 지배하는 구체적이고 명문화된 규칙이 최소한으로 그침에 따라, 흔히 공적 영역의 운영은 개인적 판단과 주관성에 의해 이루어지게 되었다. 따라서 국가의 관료는 자신의 직위에 부여되는 공적인 행정·사법의 권리와 경제적 특권을 흔히 개인적 권리로 받아들였고, 이를 통제할 수 있는 것은 보다 강력한 권력을 지닌 군주의 처분뿐이었다. 관리의 등용도 적지 않은 경우에 개인적 자질보다는 충성심이나 신뢰관계의 구축(가령, 세도가의 형성 등)에 의해서 결정되었다.

그러나 갑오개혁은 이러한 관행을 새로운 규칙이나 법칙에 따른 제도의 정비와 통치의 실행으로 대체하려 했다. 정부의 관제를 완전히 새로운 근대적 내각제로 개편했을 뿐만 아니라, 새 제도의 운영을 위한 수많은 규칙들이 군국기무처의 의안으로 공포되었다. 관직에 부여되는 권리가 개인적 특권이 아님을 분명히하기 위해서 새 규칙은 국가의 관리는 물론 왕족의 수입도 명문화하여 국가가 모든 수입을 중앙집중화하고 왕실의 수요는 재정을 독점한 국가에 의해 지급되도록 하였다. 이를 실현하기 위해 관리는 물론이고 국왕의 임의적 권력행사를 배제하며, 객관적이고 구체적으로 명시된 규칙에 따른 통치가 이루어지도록 구상했다. 이를 통해 보다 효율적이고 체계적으로 통합된 관료제적 정치기구를 수립하려 했다. 결국 개혁의 기본방향은 근대적 관료제의 확립이라고 할 수 있다.

제도적 개혁의 근대성으로 부각되는 다른 측면은 권력의 중앙집중화이다. 전통적 정치체제에서 국왕은 중앙집중화된 권력으로 신하를 통치하고 신하는 국왕으로부터 위임받은 권력으로 피지배계급을 통치하도록 되어 있었다. 그러나 이러한 공식적 제도에도 불구하고, 실상은 임란 이후 사림정치와 세도정치의 등장으로 인해 왕권은 신권에 의해서 제약되었고, 지방정치에서 관리는 지방의 세력가인 호족, 사족의 협조 없이는 통치가 불가능했다. 국가의 효율적인 관료제적 운영을 가로막는 이러한 장애를 극복하기 위해 갑오개혁 세력은 현대 관료제의 요소를 정치체제에 끌어들임으로써 정치권력의 기반을 전통적인 것에서 법률과 규칙에 따른 권력행사, 즉 합법성을 근거로 한 합리적 형태의 것으로 전환하려 했다.[26] 합법성에 근거한 정치체계의 중앙집중화를 위해 분권화의 근원이 된 관리나 왕궁에 대한 토지분급을 폐지하고 대신에 공식적으로 규정된 급료를 지불했다. 동시에 관리의 등용도 개인의 타고난 지위나 신분에 의해서가 아니라 자질과 능력의 우월성에 의해서 결정되도록 하기 위해 조선시대 지배층 형성의 관문이었던 과거시험을 폐지하였다. 이런 방식으로 사족과 관리, 그리고 심지어 국왕의 임의적 권력행사까지도 통제함으로써 정치적 권력의 절대성은 결국 국가라는 추상적 실체에 부여되도록 했다.

이런 점에서 중앙집권화된 강력한 국가의 형성이 곧 왕권의 강화와 직결되지는 않는다. 흔히 분권화의 주체로 여겨지는 관료의 힘이 강화되더라도 이들이 개인적 이익을 도모하지 않고 공적인 실체로서 국가를 강화하려 한다면 이는 권력의 중앙집중화를 통한 국가의 강화로 이해될 수 있다. 반면에 왕권의 강화가 일어나더라도 강화된 왕권이 곧 국가의 공적 이익을 추구하지 않고 통치자의 개인적 이익추구로 귀결된다면 중앙집권화된 국가의 성립으로 여겨질 수 없다. 그렇다면 갑오개혁에서 추구한 것은 왕권의 약화를 통한 중앙집권화된 국가의 강화로 간주될 수 있다. 이는 왕이 곧 국가라는 전통적 개념과는 차별되는 근대적 국가개념(즉, 공적 성격을 띤 추상적 실체로서 국가의 개념)의 형성이다. 이러한 국가를 형성하려는 이념과 계획은 서구의 정치적 근대성으로 표현된 중앙집권화된 국민국가의 형성과 비교해볼 때 그 경로와 역사적 상황은 다를지라도 정치제도로서 그 본질적 특성은 상당히 유사함을 알 수 있다.

---

26) 권력의 행사에서 나타나는 전통적 형태의 지배와 합리적(합법적) 형태의 지배에
  관해서는 Weber(1978) 참조.

미완의 근대화와 부족한 개혁자원

여러 차례의 굴곡을 거치면서 지속된 갑오개혁의 근대화 시도는 청일전쟁에서 승리한 일본의 영향력이 동아시아에서 확대되는 것을 꺼리던 서구 열강의 개입으로 인해 일본의 힘이 약화되면서 1895년에 종결되었다. 이미 많은 연구에서 밝혀졌듯이, 갑오개혁의 실패요인은 쉽게 확인된다. 갑오정권이 의존했던 일본의 조선에 대한 영향력 쇠퇴와 러시아의 영향력 증대라는 국제정세의 요인이 흔히 가장 중요한 실패의 원인으로 지적된다. 또한 민중의 지지기반을 확보하지 못한 채 일방적으로 위로부터의 개혁을 무리하게 추진한 것이 또다른 중요한 요인으로 꼽히기도 한다. 그러나 우리는 기존 연구에서 많이 지적된 이들 요인 외의 다른 요인에 주목할 필요가 있다. 앞에서 주장했듯이 개혁주체가 일본으로부터 어느정도 자율성을 갖고 개혁을 추진했다면 왜 이들은 일본의 영향력이 쇠퇴하면서 개혁을 중단해야 할 정도로 여전히 일본에 의존할 수밖에 없었는가를 밝혀야 할 것이다. 이에 대한 검토를 통해 갑오개혁이 미완의 근대화로 끝난 이유를 정확히 찾을 수 있을 것이다.

이 분석을 위해서는 개혁주체 세력의 역량(capacity)에 관해 검토해 볼 필요가 있다. 아무리 자율성을 가진 주체가 개혁을 추진한다고 하더라도 이들이 자율적으로 개혁을 추진할 만한 역량이 결여되어 있다면 결국 실패로 돌아갈 수밖에 없을 것이다. 개혁주체의 역량을 확인하는 데 있어 가장 중요한 요인은 이들이 위로부터의 개혁에 필요한 자원을 어떤 방식으로 그리고 얼마나 동원할 수 있었는가이다. 이 점

에서 갑오개혁은 분명한 한계를 지니고 있었다. 개혁의 규모와 급진
성에 비해 개혁주체들이 사용할 수 있는 자원은 상당히 제한적이었다
는 점에서 그러하다.

근대적 국가예산제도가 갑오개혁으로 인해 도입되었기 때문에 갑
오개혁이 가장 활발하게 진행되던 당시의 국가재정에 대한 체계적이
고 종합적인 자료를 구하기는 힘들다.[27] 그러나 몇가지 역사적 자료
와 상황적 증거에 입각해보면 개혁을 위한 자원의 부족함은 분명히
드러난다. 임란 이후 조선후기의 국가재정이 얼마나 피폐되어 있었는
가는 여러 연구에 의해 이미 지적되었다. 임란 직후 국가가 거두어들
이던 전결은, 1591년 170만결 수준에서 1601년에는 54만결로 급락하
여 국가재정에 막대한 타격을 주었고, 이 경향은 19세기 초반까지도
지속되었다(김옥근 1984, 371면). 국가재정의 몰락을 가져온 또다른 요
인은 불철저한 토지조사에 힘입어 광범위하게 이루어지던 조세의 불
법적 포탈이었다. 지방관료나 이서가 지주와 결탁하여 저지른 불법행
위들은 여러가지 자료로 확인된다. 그 결과, 국가는 계획된 지세의
1/3 가량을 주로 관리의 포탈로 인해 거두어들이지 못했고, 전체 토
지에서 면세결(免稅結)이 차지하는 비중은 갈수록 늘어만 갔다. 실제

----

27) 갑오개혁 이전의 국가재정을 보여주는 자료로는 공안(貢案)과 횡간(橫看) 등이
    있으나 국가재정의 전체적인 모습을 밝히기에는 한계가 있다. 특히 수입견적(收入
    見積)인 공안과 지출견적(支出見積)인 횡간이 서로 연계되어 작성되지 않았다는 점
    에서 그러하다(신상준 1970, 346~49면). 한 연구(김재호 1997, 45면)에 의하면, 갑
    오개혁 직전 3개년간의 평균 실입액(實入額)은 전체 1,288만냥, 쌀로 환산하면 86
    만여 석(미 1석=15냥)으로 계산되었다. 그리고 미납액(未納額)은 전체 예상 수입총
    액의 1/3 정도에 이르렀다.

98

로 19세기 후반에 이르면 면세결의 면적이 과세결(課稅結)의 90% 이상에 이른다. 과세결에 대한 면세결의 비율은 1881년에 96%, 1891년에는 92%에 달하고 있다.[28]

이러한 일반적 사정에 더하여 갑오개혁 시기 조선정부는 더욱 극심한 재정난을 겪고 있었다. 전라도에서 시작된 농민운동이 전국으로 번지면서 조세징수에 상당한 타격을 입었고, 북부지역에서는 청일전쟁이 발발함으로써 조세징수를 더욱 힘들게 만들었다. 이러한 상황에서 국가개혁이 진행될 수밖에 없었기 때문에 김윤식은 주한 일본공사였던 이노우에 카오루(井上馨)에게 "조선정부는 개혁을 추진할 결연한 의지가 있으나, 재정적 자원의 부족으로 인해 이 개혁은 실패할 수밖에 없을 것이다"라고 실토하였다(日本外務省 1951, 10면). 또한 이노우에 공사가 군국기무처에 대해 처음 3개월 동안 문구만 나열하고 실천에 옮기지 못함을 탓하자, 조선정부는 재정곤란과 동학농민운동 등으로 인하여 개혁이 지연되고 있다고 설명했다(같은 곳).[29]

실제로 당시의 국가재정은 심각한 부채를 짊어지고 있었기 때문에 개혁을 위한 자원의 확보는 쉬운 일이 아니었다. 1894년 당시 조선정부가 안고 있던 미지불(未支拂) 금액은, 백관록(百官祿) 46개월분에다 각 사료(司料, 이서급의 급료) 56개월분, 그리고 각사경비지출금(各司經費支出金)이 9개년분에 이르렀다. 갑오개혁 시기에 조선정부의

---

28) 『結稅未納額調』; 朝鮮總督府(1940, 부록) 참조.
29) 이노우에 자신도 당시 영국 외무사무관이었던 히리야(ヒリヤ─)와의 대담에서 조선에 재원이 부족하여 개혁사업이 성사되지 못함을 밝히고 있다. 이에 관해서는 日本外務省(1951, 23~24면 문서번호 471) 참조.

총부채는 위에서 제시한 미지불금 161만원 외에도, 제실(帝室) 채무로서 구한말 왕실재정정리에 나타난 청구금액 약 240만원을 포함하면 약 400만원에 이른 것으로 추정된다(신상준 1970, 54면). 물론 이것은 조선후기 이래로 계속 누적된 부채였지만 개혁을 위한 자원동원을 가로막는 커다란 장애물로 작용했음에는 분명하다.

이러한 재정적 취약성으로 인해 갑오개혁 정권은 자원동원 조치를 강구하지 않을 수 없었는데, 그 가운데 가장 손쉽고 효과적인 방안은 외부에서 자원을 동원하는 것이었다. 결국, 조선정부는 일본에 차관을 요청했고, 이에 대해 이노우에는 조선정부가 요청한 300만엔을 초과하는 500만엔의 차관을 제공하겠다고 응답함으로로써 필요 이상의 호의를 보였다. 이는 영국정부가 이집트에 대한 통제권을 강화하는 과정에서 활용했던 전략을 일본이 모방하고 있음을 보여준다(박종근 1985, 146면). 즉, 재정적 의존을 심화시킴으로써 식민지배를 위한 가장 효과적인 교두보를 확보하려는 것이 이들의 전략이었다. 그러나 국내의 자본축적이 부족해서 고통받던 일본으로서는 그만한 재원을 동원할 수 없었던 까닭에 군사예산에서 300만엔을 전환하여 빌려주는 것으로 최종 결정했다(田保橋潔 1943, 146면). 1895년의 총세입 가운데 약 1/3이 조세수입이었고 나머지 대부분이 차입금이었다는 점에서 볼 때, 1895년도 세입예산은 거의 외채에 의해 지탱되었으며 이 차관이 조선정부의 재정에 얼마나 막대한 영향력을 끼쳤는지 알 수 있다. 재정적 지원으로 인해 일본에 대한 조선의 의존은 더욱 심화되었고, 개혁세력이 의도치는 않았다 하더라도 이것이 국가개혁의 자발적 역량을 키워나가는 데 걸림돌로 작용했음은 분명하다.

조세제도의 개혁을 통한 자원동원의 한계

갑오개혁의 주체세력이 개혁자원의 동원을 위해 전적으로 일본에게만 의존한 것은 아니다. 이들은 일본으로부터 자원을 빌리는 것 외에도 개혁에 필요한 자원을 내부적으로 동원하기 위해 여러 방안을 마련했다. 국가의 자원동원에 있어 가장 중요한 재원은 조세이며, 그 중에서도 지세가 가장 큰 부분을 차지하기 때문에 지세의 개정을 통한 재정수입의 확대는 당시의 국가개혁 이전에도 항상 관심의 대상이었다. 지세의 부과와 징수과정에 나타난 비합리성은 매우 뚜렷하여 국가는 많은 세원을 적절히 파악하지 못한 채 지속적으로 재정의 빈곤에 시달렸다. 조선시대 지세의 기본제도인 결부법(結負法)에 따르면, 전국 토지의 절대면적이 변화하지 않더라도 생산성이 증대하면 세원으로서 토지면적인 결수는 증가하게 되어 있었다.

그러나 임란 이후 세금의 부과대상이 되는 과세결은 늘어나지 않고 있었다. 또한 새로 개간된 많은 토지가 면세결인 진결(陳結)로 계속 남아 있는 경우도 흔히 있었을 뿐만 아니라, 관할 토지에서 소작료를 징수하여 사적 지주의 역할을 한 지방관청(驛屯土)이나 왕실(宮房田)의 면세결도 점차 확대되어 국가의 재정을 더욱 어렵게 만들었다. 이러한 문제를 해결하고 국가재정을 건전하게 만드는 최선의 방안은 토지조사사업인 양전사업을 전국적인 차원에서 실행하여 세원을 정확히 파악함과 동시에 조세제도를 합리적으로 개선하여 농민과 국가 사이에서 약탈을 행한 중간매개자들(지방관리와 서리)을 통제하는 것이었다. 그러나 앞에서도 지적했듯이, 전국규모의 양전사업은 여러 이유

로 시행되지 못했고 갑오개혁 시기에도 개혁방안으로 논의는 되었지
만 결국 실행되지 못했다.

갑오개혁 시기에 개혁주체들이 자원동원의 방안으로 더욱 관심을
두었던 것은 조세제도의 합리적 개선이었다. 1894년 당시의 농민들은
상당히 높은 세율의 지세를 부담했음에도 불구하고 국가는 여전히 재
정의 빈곤에 시달리고 있었는데,[30] 가장 큰 이유는 비효율적인 조세
부과와 징수 및 운반에서 찾을 수 있다. 이러한 문제를 해결하기 위해
갑오개혁에서 조세제도의 합리화가 추구되었는데, 이는 조세의 단순
화와 전납화로 요약된다. 갑오개혁 시기에 개혁세력은 환곡을 포함한
각종 잡세를 폐지하고, 대동·삼수·포량미 등을 지세로 단일화해 결
수에 따라 지세를 부과했다. 또한 물납에 따른 세곡의 운송비와 노역
의 부담을 줄이기 위해 전납(錢納)을 법제화했다. 세율은 토지의 등
급과 지리적 특성에 따라 결정되었는데, 최상급 토지에는 결당 30냥
이 부과되었고 북부의 황폐한 토지에 대해서는 15냥의 지세가 부과되
었다. 대부분의 지역에서는 토지등급의 1등급 하락에 따라 1결당 5냥
의 지세가 줄어든 반면 북부지방의 감소율은 훨씬 낮았다. 비록 전체
토지의 70% 가량이 최상급으로 분류되었음에도 불구하고 납세자의
부담은 오히려 감소되었다.[31] 또한 전납화로 인해 때로는 세액을 초
과하던 운반비를 농민들이 더이상 부담하지 않아도 되는 혜택을 받을
수 있게 되었다. 그런 점에서 조세제도의 합리화를 위해 추진된 당시

---

30) 한 연구(김옥근 1984, 364~65면)에 따르면, 19세기 초반 농민들은 30여 종의 세
　금을 냈으며 결세가 법정세율의 3배를 넘기도 했다.
31) 『結戶貨法稅則烈』, 표 2.

102

의 조치는 상당히 효과적인 것으로 평가된다.

그러나 개혁주체 세력이 조세제도를 합리화했던 주된 의도는 국가
재정의 건전화를 통한 재원의 확보였던 만큼 갑오개혁 이후 계속된
개혁사업으로 인해 재정수요가 증대함에 따라 이들은 다시 세금을 다
양화하고 세율을 높일 수밖에 없었다. 결국 갑오개혁으로 인해 지세
로 단순화되었던 조세체계가 그 이후 다시 복합적 다원체계로 전환되
었다. 그 결과, 토지와 함께 호(戶)와 재화용역(財貨用役)이 과세대상
으로 확대되어 세원이 다원화되었고, 간접세가 도입되고, 관세액이 증
가되었다(신상준 1970, 503~507면). 동시에 세율도 올라갔는데, 1900년
에는 최초 세액의 2/3 가량이 상승하여 최고 1결당 50냥에 이르렀다
가 1902년에는 다시 60%가 상승하여 최대 80냥에 이르렀다.[32]

다른 한편으로 국가는 세원의 확대를 위해 면세지로부터 세금을
징수하기로 결정했다. 이를 위해 역둔토조사를 실시하여 28,601결의
궁방전, 22,757결의 아문전, 26,846결의 역전, 9,277결의 둔전을 찾아
냈다.[33] 이 조사를 통해 조세징수 토지를 약 8% 가량 증가시킬 수 있
었고, 국가의 재원이 일정한 정도로나마 확대되었다. 이에 따라 1902
년의 총 조세수입은 6,808,530원(圓)에 이르러 1895년의 1,557,587원
에 비해 4.5배 증가했다(신상준 1970, 503면). 그러나 이러한 조세수입의
증대가 국가재정의 건전화로 그대로 연결되지는 못했다. 한편으로는

---

32) 1902년의 증가로 인해 지세는 1894년과 대비하면 270% 상승하게 되었다(朝鮮總
督府 1940, 524~25면).
33) 『結戶貨法稅則烈』, 표 4~6 참조. 그러나 이 가운데 약 30%는 경작이 불가능한
황무지로 판정되었다.

조세수입의 증대효과를 상쇄시키는 물가의 폭등이 있었고, 다른 한편으로는 조세징수를 위한 국가의 인프라가 부실했던 탓에 조세원(租税源)이 여전히 협소하다는 문제가 있었다.[34] 동시에 과세와 징세를 담당하는 관리의 부정이 증가했기 때문이다.

이런 현실적 한계 속에서 국가의 재정을 강화할 수 있는 방안은 조세징수제도를 개선하는 것뿐이었다. 조선시대 내내 조세의 부과와 징수를 담당한 관리의 부정은 심각한 상태였고, 특히 임란 이후의 국가재정은 이들의 문란한 행위로 인해 결정적으로 타격을 입었다. 관찰사의 명목적인 관리하에 조세의 실질적 관리는 군현에서 이루어졌는데, 중앙에서 군현 단위로 파견된 관리와 함께 이서층의 불법포탈을 근절하는 일이 무엇보다 시급히 개선해야 할 과제였다. 향리나 서원과 같은 하급관리들은 토지의 생산성이나 매해 수확되는 양을 정확히 파악하여 지세 부과에 필요한 모든 정보를 가지고 있었기 때문에 조세부과와 징수에 절대적인 권한을 행사할 수 있었다. 이들은 행심이나 깃기로 불리었던 자신들의 조세징수 대장에 토지소유권의 변화상황, 면세지 가운데 과세가 가능한 토지의 규모, 실제 납세자의 명단 등과 같은 정보를 자신들만이 해독할 수 있는 기호로 기입해두고(宮嶋博史 1991, 184~89면), 부정한 약탈을 위한 효과적인 수단으로 활용했다. 공식 조세대장인 양안(量案)이 적시에 개정되지 않았기 때문에 양안에 의한 공식 과세기준과 행심에 의한 실제 과세 사이의 괴리는

---

34) 이 시기에도 토지대장인 양안에 기재된 토지의 2/3에서만 세금징수가 가능하여 여전히 조세원은 매우 협소했던 셈이다(왕현종 1989, 46면).

바로 부정한 축재의 근원이 되었던 것이다.

동시에 지방관리들은 흔히 거두어들인 지세를 중앙정부로 납부하지 않고 포탈하기도 했다. 따라서 미징수 지세는 상당한 정도에 이르렀고, 시간이 지날수록 그 규모도 커져갔다. 가령, 1894년에는 미징수 지세가 600,000원(圓)이었으나 1904년에는 1,130,000원으로 증가했는데, 이는 예상세입의 25~30%에 달하는 규모였다(度支部 1910). 이러한 사정을 감안하여 조선정부는 예산을 수립할 때, 미징수될 세금을 전체 예산의 1/3 정도로 미리 계산하기도 했다. 미징수된 세금의 원인은 크게 보아 농민의 세금 지불능력 부족과 관리의 포탈로 나눌 수 있는데, 대부분의 지역에서 미징수된 지세액 가운데 관리의 횡령액이 농민의 미납부액을 약 2배 가량 초과했다.[35] 이같은 사실은 당시의 국가가 사회의 재원을 국가재정으로 흡수하는 역량에서 현저하게 한계를 드러냈음을 의미한다.

이 문제를 해결하기 위해 갑오개혁의 주체들은 조세부과와 징수제도를 합리적으로 개선하려 했다. 가장 먼저 1895년 군국기무처에서 기존의 지방행정기구로부터 독립된 새로운 조세징수기구의 설립을 시도했다. 즉, "동일인이 세금부과와 징수에 같이 종사할 수 없다"는 법안을 통과시킴으로써 조세부과와 징수의 절차를 분리하려고 한 것이다(『官報』 1895년 3월 26일). 조세징수제도의 변화에 있어 핵심적인

----

35) 『結稅未納額調』 참조. 조선정부에서도 세금포탈의 심각성을 인식하여 포탈자를 엄중히 처벌하려 했는데, 포탈액이 2,000원(元)을 초과하면 사형에 처하도록 했다 (조석곤 2003, 34면). 그럼에도 불구하고 세금의 포탈을 근본적으로 해결하는 데는 한계가 있었다.

부분은, 전통적으로 조세를 담당해왔고 부정의 주된 근원으로 여겨졌던 이서층을 배제하고 각 지역의 향회를 활성화하여 향원(鄕員)으로 하여금 탁지아문(度支衙門)의 지시를 받아 세금을 상납하도록 하는 것이었다.

이렇게 하여 과세는 군수와 같은 수령에 의해 작부(作夫)되고 성책(成冊)되었지만, 징세는 향촌의 자치기구에 의존함으로써 과세와 징세의 주체를 분리하고 이서층을 징세과정에서 배제함으로써 보다 많은 재원을 확보할 수 있으리라 예상했다. 그러나 결전의 부과가 군단위로 이루어지는 총액제적 방식을 그대로 유지하는 한 세원에 대한 정확한 정보를 확보하고 있던 이서들을 조세과정에서 배제한다는 것은 현실적으로 불가능할 뿐만 아니라 효율적이지도 않았다. 1895년 들어서는 부세소(賦稅所)에서 징세업무를 분리하여 탁지부 직할의 징세사(徵稅使), 관세사(關稅使)가 담당하도록 했다. 그러나 이와 함께 이루어져야 할 지방제도의 개편이 여의치 않아 이 제도의 시행은 중단되었다. 결국, 조세징수에 관련된 중간매개자를 통제함으로써 조세제도를 합리적으로 개선하고 궁극적으로는 국가재정을 튼튼하게 하려는 시도는 갑오개혁의 실패와 함께 좌절되고 말았다. 그 이후 일본은 대한제국의 금융개혁에 대해 직·간접의 방해를 시도하여 더이상의 개혁을 힘들게 했는데, 이 병폐를 개선하려는 시도가 다시 등장하게 된 것은 조선의 자율적 개혁이 종결되고 난 이후 통감부에 의해서였다. 그러나 갑오개혁의 방향을 이어받은 이 개혁도 지방관료나 이서의 저항으로 제대로 자리잡지 못한 채 일제시대에 들어서야 비로소 중간층의 배제가 이루어져 재정구조를 개선할 수 있게 되었다.

제5장

낡은 옷을 벗고 새로운 것으로

광무개혁의 또다른 근대의 기획

동아시아의 주도권을 둘러싼 청일전쟁에서 일본이 승리를 거둔 것은 그들에게 절반의 축복이었다. 청으로부터 대만을 넘겨받아 식민지로 만듦에 따라 일본은 제국주의 국가로 성장하였고, 랴오뚱(遼東)반도를 조차함으로써 중국 본토 진출을 위한 교두보를 확보하는 듯했다. 그러나 일본의 중국 진출에 위협을 느낀 러시아, 프랑스, 독일이 개입하여 일본으로 하여금 랴오뚱반도를 다시 중국에 넘겨주도록 강요했고, 힘의 열세를 느낀 일본으로서는 어쩔 수 없이 이를 받아들이게 되었다. 삼국간섭(三國干涉)으로 인해 일본은 러시아의 영향력을 더욱 의식하게 되었는데, 특히 러시아가 한반도에 관심을 가지면서 양국의 대립은 현실화되었다. 이로 인해 조선에 대한 일본의 영향력은 상당한 정도로 줄어들게 되었고, 일본에 의존하던 갑오개혁 정권은 붕괴되는 운명을 맞았다.

서구 열강들 사이에 힘의 균형이 유지되던 중국과 달리 조선에서는 중국, 일본, 러시아가 모두 독점적 주도권을 장악하려는 시도를 계속했다. 이러한 시도에 맞추어 국내에서는 외국세력과 결합된 파벌이 형성되었는데, 러시아의 한반도 진출과 함께 이러한 현상이 다시 나타났다. 갑오개혁 세력의 쇠퇴와 함께 이범진(李範晉), 이윤용(李允用), 이완용(李完用)과 같은 친러파가 형성되었고, 이들은 러시아의 후원하에 1896년 2월 고종을 러시아 공사관으로 옮겼다. 아관파천(俄館播遷)과 함께 고종은 갑오개혁 주체들에 대한 체포와 처형을 명령하고 새로운 나라를 세우려 했다. 1년간의 아관파천을 끝내면서 고종은 경운궁(慶運宮, 지금의 덕수궁)으로 환궁하여 국호를 대한제국(大韓帝國), 연호를 광무(光武)로 정하고 스스로 황제의 자리에 올라 대한제국이 독립국임을 선포했다.

대한제국 시기에 형성된 일본과 러시아 사이의 힘의 균형은 조선정부가 자발적으로 국가적 위기를 극복할 수 있는 마지막 기회를 제공해주었다. 마지막 황금의 십년 동안 조선정부는 보수 관료를 중심으로 새롭게 정비되었고 이들은 나름대로 국가의 위기를 극복하기 위한 개혁을 시도했다. 흔히 광무개혁이라 불리는 이 국가개혁운동은 지금까지 개화파가 주도한 개혁운동의 중요성을 강조하는 경향으로 인해 상대적으로 소홀하게 취급되어왔다. 그러나 최근 들어 대한제국 시기 고종과 보수 관료의 역할에 주목하면서 광무개혁의 중요성이 새롭게 부각되고 있다. 이러한 맥락에서 이 장에서는 광무개혁의 본질은 무엇이었는지, 이 개혁운동이 가진 근대성은 무엇이었는지, 보수 관료에 의한 광무개혁과 개화파가 추진한 갑오개혁 사이에는 어떤 관계가 있는지, 그리고 이 개혁이 결국 실패로 돌아간 이유는 무엇이었는지를 살펴보기로 한다.[36]

광무개혁: 구본신참 혹은 신본구참

갑오개혁의 성과를 되돌아보면서 대한제국기의 고종과 보수 관료들은 일정한 정도로 예전의 제도를 복원시키고 새로운 개혁을 실시하기로 결정했다. 그런 점에서 광무개혁의 기본원칙은 흔히 구본신참(舊本新參)으로 표현되는데, 이 원칙에 입각하여 우선 정치적 영역에서 구세도의 복구가 시작되었다. 갑오개혁 기간에 도입되었던 내각제는 폐지되고 의정부체제가 복원되었으며, 국왕은 예전의 권력을 되찾았다. 내각이 결정한 여러 정책들은 국왕의 재가 없이 효력을 발휘할 수 없게 되었고, 국왕의 군대통수권과 재정관할권이 부활되었다. 왕실 업무를 통괄하는 궁내부(宮內府)는 외획(外劃)[37]을 통한 조세징수와 전환국(典圜局)의 화폐발행을 통해 오히려 예전보다 더 강한 힘을 가지고 재정을 통제할 수 있게 되었다. 따라서 탁지부가 여전히 국가의

---

36) 광무개혁에 관한 이 장의 분석은 김동노(2004)의 일부를 수정·보완한 것이다.
37) 국가는 제3자에게 조세징수권을 부여해주어 조세를 거두어 국가에 납부하게 하고 그 대가로 일정한 정도의 이권을 확보해주는 방안을 채택했다. 흔히 외획(外劃)이나 차인상납(差人上納)으로 불리는 이 제도는 조세의 금납화가 시행되면서도 이를 뒷받침할 만한 금융제도가 마련되지 못한 상황에서 나타난 불가피한 선택이었다.

재정을 관할하고 있었지만 갑오개혁 시기에 도입된 국가재정의 중앙집중화는 상당한 정도로 무너지게 되었다.

그러나 왕실의 권한이 강화되었다는 사실이 곧 개혁의 종식을 의미하지는 않는다. 흔히 광무개혁의 원칙을 구본신참으로 표현하고 있지만 이것이 곧 개혁의 불철저함으로 직결되는 것은 아니다. 실제로 대한제국 시기에 갑오개혁의 결과인 신제도를 전면 부정하고 옛 제도로 완전히 복귀한 경우는 찾기 힘들다. 갑오개혁 이전 체제로 되돌아간 대표적인 경우는 앞에서 언급한 왕(황제)권의 회복을 들 수 있다. 그외의 많은 영역에서는 이전 체제와 새로운 체제의 절충을 시도하였다. 그런 점에서 광무개혁의 원칙을 달리 표현하자면 신구절충(新舊折衷)이 될 수도 있다. 오히려 어떤 의미에서는 이전에 시도되지 않았던 새로운 개혁이 추진됨으로써 이전에는 찾아볼 수 없었던 새로운 근대의 모습이 나타나기도 했다.

이 시기에 도입된 개혁방안 가운데 가장 눈에 띄는 것은 토지조사사업인 양전사업과 상공업 진흥정책이다. 양전사업은 조선후기 들어 악화된 삼정의 문란으로 위기를 맞고 있던 국가재정을 획기적으로 개선시킬 수 있는 근본적인 대책이었음에도 불구하고 여러가지 사정으로 인해 실행되지 못하고 있었다. 갑오개혁에서도 사업의 계획은 세워졌지만 실제로 실행되지는 못했는데, 고종은 1898년 내부대신 박정양(朴定陽)과 농상공부대신 이도재(李道宰)의 제안을 받아들여 양전사업을 실시하도록 했다. 이를 위해 조선정부는 29명의 관리로 구성된 독립기관인 양지아문(量地衙門)을 설치하였다(『官報』 1898년 7월 8일). 또 각 지방당 한 명의 양무감리가 양전사업의 담당자로 임명되었

으며, 측량을 담당하는 기술관으로는 미국인 크럼(Raymond Krumm)
이 부임하여 2년 6개월 동안 124개 지역에서 양전사업이 시행되었다.
토지조사의 기본원칙은 구본신참이었는데, 구본에는 토지의 6등급화
와 결부제가 포함되며 새롭게 첨가된 요소로는 토지유형의 다양한 구
분, 그리고 토지 소유자와 경작자의 동시 파악 등이 있다. 토지대장에
경작자를 기재한 것은 토지에 대한 경쟁이 치열해짐에 따라 경작인의
경작권을 보호하기 위한 것으로 추측된다(宮嶋博史 1983a, 324면).

　토지조사에 필요한 비용은 우선 지방정부의 재원을 활용하고 차후
증가된 조세수입으로 충당할 예정이었지만, 재정이 고갈된 지방정부
가 그 비용을 감당하지 못하자 결당 3냥의 비용을 농민들에게 부담시
켰다. 경제적 부담에 불만을 가진 농빈늘의 집합적 저항이 발생하면
물리력을 사용해 억압했다. 그러다 1901년의 심각한 가뭄으로 인해
농민들의 부담이 감당하기 어려울 정도가 되자 정부에서도 사업을 중
단하고 자연재해로 인한 피해가 회복된 이후 재개하기로 했다(『官報』
1901년 12월 5일). 예정대로 다음해에 사업은 재개되었는데, 외세의 경
제적 침략에 대응하기 위해 조선인의 소유권을 보호할 필요가 있게
되자 조선시대 최초로 개인의 토지소유권을 국가가 보호하는 공식인
증서인 지계(地契)를 발행하게 되었다. 이를 위해 1901년 토지소유권
기관인 지계아문(地契衙門)이 설치되어 양지아문의 역할을 떠맡게
되었다.[38]

----

38) 양지아문의 상급관리 일부가 면직된 반면 이 기관의 기본적인 구조는 유지되면
　서 양지아문의 기능이 지계아문으로 넘어가게 되었다(『官報』 1902년 3월 22일).

지계아문에 의해 재개된 사업은 토지소유권 문서에 토지의 가격을 기재하는 정도의 변화를 가져왔지만 이전의 기본원칙은 그대로 지켜졌다. 토지가격을 조사에 포함시킨 것은 지가의 1%에 해당하는 세금을 토지거래시에 부과하기 위한 것으로 여겨진다. 그러나 고종은 일본과 러시아 사이에 전쟁의 기운이 돌기 시작하자 군사비를 늘려야 할 필요성에 직면하여 모든 개혁운동을 중단하게 되는데, 이로 인해 지계아문도 축소되어 탁지부 산하로 편입되면서 그 기능이 현저하게 줄어들게 되었다. 이로써 양전사업은 실질적으로 종결되었는데, 결과적으로 전국 218개 지역(전체 토지의 2/3 가량)에서 토지조사가 이루어진 것으로 추정된다.

광무개혁에서 실행된 양전사업은 근대적 토지소유권과 조세제도의 기반을 마련했다는 의의를 지니고 있다. 양지아문과 지계아문에서는 다양한 양식의 등록서류와 토지소유권 문서를 발행했는데, 이전의 양식과는 달리 토지 소유인과 함께 경작자를 밝히도록 했으며 지세의 단위인 결(結)과 함께 절대면적 단위인 두락(斗落)이나 일경(日耕)을 동시에 기재하도록 했다. 물론 당시에도 여전히 지세는 결을 기준으로 부과되었지만 두락과 일경을 함께 기재함으로써 사적 지주들 사이의 토지거래를 법적으로 지원하였고, 보다 근본적으로는 토지소유권을 국가가 보호함으로써 근대적 시장경제 도입의 기반을 마련한 것으로 이해된다. 이와 함께 소유자와 경작인을 동시에 밝힘으로써 전통적인 공동납(共同納)의 형태에서 개인별 조세징수를 위한 제도적 기반도 마련하였다.

양전사업과 함께 광무개혁에서 시도된 또다른 대표적인 개혁방안은 상공업 진흥이었다. 전통적으로 하층민들이 종사했던 상공업의 발전을 위해 광무정권은 가시적인 개혁조치들을 도입했다. 근대적 기술(특히 직물, 인쇄, 양잠과 같은 분야의 기술)을 도입하기 위해 유학생을 일본에 파견하기도 했고, 기업설립을 장려하여 직물·농업·운송·탄광과 금융 분야 등에서 몇몇 기업들이 설립되었다. 그 당시 기업의 설립자들은 대부분 경제적 지배계급에 속한 인물들이었지만, 그들이 새로운 사업에 진출할 수 있었던 것은 국가의 적극적인 뒷받침이 있었기 때문이다. 특히 국가가 적극적으로 산업진흥에 나선 것은 섬유산업 분야인데, 잠업과 면업 분야에 다수의 전·현직 정부관료가 기업활동에 참여함으로써 산업진흥에 직접 기여하기도 했다. 가령, 1900년에 설립된 대한제국인공양잠합자회사(大韓帝國人工養蠶合資會社)에는 대신을 지낸 김가진이 사장으로, 또한 대신을 지낸 박기양(朴箕陽)이 평의원으로 참여했다. 직물회사에서도 유사한 경향을 찾을 수 있다. 1900년에 설립된 종로직조사(鐘路織造社)도 대신을 지낸 민병석(閔丙奭)이 설립하였는데, 특히 이 회사는 종래의 시전자본이 중심이 된 것으로 추측된다(강만길 1973, 17면).

이러한 경향을 반영하듯 이 시기 회사수도 급격히 증가했는데, 1899년 이후에는 매년 30개 내외의 회사가 설립되었다. 이 경향은 당시 이루어진 산업의 발달을 반영하기도 하지만, 다른 한편으로는 세금수입을 늘리기 위해 내장원이 회사설립 허가를 쉽게 허용했기 때문에 일어난 것이다(이영학 1997, 80면). 그러나 상공업분야에서 이루어진 근대화 노력들도 러일전쟁에서 승리한 일본이 조선의 내정에 적극 개입함에 따라 상당한 정도로 후퇴하거나 타율적인 개혁으로 전환되었다.

이러한 개혁방안 외에도 다양한 근대화 프로젝트들이 이 시기에 시도되었다. 전기가 들어오고, 전차가 운행되고, 철도가 부설되고, 은행이 설립되면서 근대적 경제제도의 틀을 갖추어갔다.[39] 이를 위해 광무정권은 광산국, 철도국 등의 기구를 설치하기도 했고, 궁내부에 정미소를 설치하기도 했다. 동시에 기술교육을 목적으로 정부 주도의 유학생 파견이 이루어져 일본에서 방직, 제지, 인쇄, 양잠 등의 기술을 도입했다. 조선정부의 이러한 활동은 민간산업이 발전할 수 있는 기반을 제공해주었는데, 특히 종래의 특권적인 도고(都賈)상업체제를 해체하고 자유상업체제를 구축하는 길을 열어준 것으로 평가할 수 있다(김도형 1994, 139면).

광무개혁 시기에 나타난 주목할 만한 사실은 양전지계사업을 제외한 대부분의 근대적 개혁사업이 국가가 아닌 왕실, 특히 내장원에 의해 주도되었다는 것이다. 따라서 대한제국의 근대화를 위한 시도에 있어 고종과 왕실의 역할에 대한 새로운 검토가 필요하다. 왕실에 의한 근대적 개혁과 이를 뒷받침한 왕실재정의 확대를 국가 주도의 근대화 사업으로 볼 것인지 아니면 군주 개인이 주도한 사업으로 규정할 것인지에 대해서는 여전히 논란의 여지가 있다. 이 문제는 결국 국가를 어떻게 규정할 것인지, 즉 왕실을 국가의 일부로 포함할 것인지 아니면 국가와 독립되는 실체로 인식할 것인지와 연결되어 있기 때문에 경험적 자료의 검토와 함께 깊이있는 이론적 논의를 필요로 한다.

39) 대한제국기의 전반적인 개혁사업에 관해서는 강만길(1973), 김재호(1997), 이태진(2000), 서영희(2003) 등 참조.

군주와 국가의 관계를 분석함에 있어서는 군주가 공적인 실체로서 국가의 지배자인지 혹은 국가가 군주 개인에 의해 지배되는 사적 영역인지를 따져보아야 할 것이다.

근대적 형태의 국가란 공적인 성격을 띤 실체이며 이때 피지배자는 더이상 군주의 신민(臣民)이 아니라 국가의 국민이 된다. 또한 국민이 국가에 납부하는 경제적 잉여는 조세가 되며, 국가는 국민으로부터 조세를 거두어 국가의 공적인 용도에 사용해야 한다. 반면 전근대적 국가에서는 군주가 곧 국가이며 국가의 영토는 군주의 사적 영토와 일치하게 된다. 또한 지배자와 피지배자 사이에는 군주와 신민의 개인적 지배―복종의 관계가 성립된다.

그런데 대한제국 시기의 국가구조는 이러한 두 정치체제의 중간에 해당되는 이중적 형태를 띠고 있다. 대한제국은 군주를 중심으로 하는 중앙집권화된 정치체제를 지향하고 있었지만 정부와 왕실은 서로 구분되어 있었다. 탁지부가 거두어들여 공적 용도로 사용되어야 할 조세는 궁내부의 외획에 의해 왕실의 자본을 축적하는 데 활용되었으며, 국가의 공식 재원으로 활용되어야 할 화폐발행 수익도 내장원 소속인 전환국이 통제하였다. 분명 이는 근대적 국가에서 나타나는 정치구조와는 차이가 있다. 그러나 뒤에서 보겠지만 왕실에서 거두어들인 수익의 일정 부분은 근대적 인프라의 구축에 활용되었고, 상당한 정도로 근대화의 성과를 거둔 것도 사실이다. 즉, 근대화되지 못한 정치구조 속에서 정부와는 분리된 왕실에 의해 근대적 인프라가 구축되어갔던 것이다. 그런 점에서 당시의 국가구조는 이중적 특성을 가지고 있었다.

그러나 이론적으로 볼 때 좀더 중요한 것은 국가가 공적인 실체로서 중앙집권화된 경우에는 국가가 국민으로부터 거두는 모든 조세는 공적인 용도로만 사용하게 되어 있는 반면, 왕실과 정부가 분리된 상황에서 왕실이 거두어들인 수익을 공적인 용도로 쓸 것인지 혹은 사적인 용도로 쓸 것인지는 군주의 개인적 판단에 따라 결정된다는 사실이다. 다행히 군주가 왕실 재원을 공적인 용도로 쓰려고 결정했다 하더라도 이는 군주의 개인적 선의로 받아들여야 할 것이며 국가구조가 이를 필연적으로 요구했던 것은 아니다. 그런 점에서 당시의 정치구조 속에서 국가의 공적 영역(정부)과 군주의 사적 영역(왕실) 사이에 일치가 있었거나, 혹은 군주의 사적 영역이 공적인 특성을 띠었다고 하더라도 이는 둘 사이의 필연적 연결이 아니라 우연적 결합으로 보아야 할 것이다. 따라서 대한제국 시기에 왕실과 정부의 분리는 국가의 공적 성격을 약화시키는 결과를 가져왔으며 왕권(왕실)의 강화를 국가의 강화로 연결하기에는 무리가 있어 보인다. 이러한 국가의 모습은 근대적 형태의 국가와는 차이가 있으며 결국 전(前)근대적 국가가 근대적 인프라의 구축과 같은 근대화를 시도함으로써 근대와 전근대가 혼재하는 과도기적 국가의 모습이 이 시기에 나타난 것이다.

이러한 논란에도 불구하고 분명한 것은 대한제국기의 광무개혁이 갑오개혁의 성과를 완전히 부정하지 않았다는 점에서 이 시기에 나타난 현상은 구제도로의 복구에 대한 요구보다는 근대적 개혁에 대한 공감대였다는 점이다. 그런 점에서 일부 연구(서영희 2003)에서는 광무 연간에 도입된 근대적 개혁이 구본신참(舊本新參)이 아닌 신본구참(新本舊參)의 원칙에 따라 이루어졌음을 주장하기도 했다.

광무개혁의 자원동원

광무개혁이 강한 개혁성향을 지녔다면, 이 개혁의 한계는 지금까지 많이 주장된 것과 같이 '제한된 개혁성' 혹은 '보수성에 기반한 개혁운동'이 아닌 다른 측면에서 찾아져야 할 것이다. 갑오개혁과 마찬가지로 광무개혁에서도 중요한 한계가 드러나는 것은 개혁을 위한 자원동원에서였다. 갑오개혁에 의해 국가예산제도가 도입된 이후 1910년에 이르기까지 조선의 국가재정 상태는 아래의 표 1에서 확인된다.

표 1에서 우리는 두 가지 특징을 찾을 수 있다. 첫째, 1905년 보호조약 체결 이전의 재정상태는 상대적으로 안정적이어서 대부분의 지출이 경상비에서 이루어졌다 반면 1905년 이후에는 일본의 간섭이 한층 강화됨에 따라 조선의 재정구조가 극단적으로 왜곡되었음을 알 수 있다. 둘째, 1896년과 1901~1904년에 국가재정이 큰 폭으로 증가하고 있다. 1896년은 이전 두 해에 걸쳐 일어났던 동학농민운동과 청일전쟁의 후유증을 극복하면서 국가예산이 늘어난 것으로 이해될 수 있다. 반면에 1901~1904년에는 보수 관료가 주도한 광무개혁이 진행되면서 양전사업이나 근대적 운송 및 통신제도의 구축으로 인해 더 많은 예산이 필요했기 때문에 그 규모가 늘어난 것으로 보인다. 이러한 추론에 근거해보면, 광무개혁을 위한 재원이 상당한 정도로 확보되었던 것으로 이해될 수도 있으나 실제로 개혁주체들이 개혁사업을 위해 어느 정도 재원을 활용할 수 있었는가를 알기 위해서는 좀더 자세한 자료의 검토가 필요하다. 이를 위해서는 국가예산을 항목별로 구분해볼 필요가 있는데, 이는 표 2를 통해 확인할 수 있다.

표 1 1895~1910년의 국가예산

연도	지출			수입 (B)	(B) − (A)
	경상비	임시비	총계 (A)		
1895			3,844,910 (60.9)	4,468,587 (92.9)	623,677
1896	5,944,531 (100)	372,300 (100)	6,316,831 (100)	4,809,410 (100)	−1,507,421
1897	3,977,647 (66.9)	222,780 (59.8)	4,190,427 (66.3)	4,191,192 (87.1)	765
1898	4,419,432 (74.3)	106,098 (28.5)	4,525,530 (71.6)	4,527,467 (94.1)	1,937
1899	6,428,229 (108)	42,903 (11.5)	6,471,131 (102)	6,473,222 (135)	2,091
1900	6,058,972 (102)	102,899 (27.6)	6,161,871 (97.5)	6,162,796 (128)	925
1901	9,020,151 (152)	58,531 (15.7)	9,078,682 (144)	9,079,456 (189)	774
1902	7,532,037 (127)	53,840 (14.5)	7,585,877 (120)	7,586,530 (158)	653
1903	10,712,371 (180)	53,120 (14.3)	10,765,491 (170)	10,766,115 (224)	624
1904	13,528,795 (228)	685,503 (184)	14,214,298 (225)	14,214,573 (296)	275
1905	7,123,815 (120)	2,423,021 (651)	9,556,836 (151)	7,489,287 (156)	−2,067,549
1906	6,324,338 (106)	1,643,050 (441)	7,967,388 (126)	7,484,744 (156)	−482,644
1907	10,193,276 (171)	7,182,675 (1929)	17,375,951 (275)	16,458,760 (342)	−917,191
1908	14,714,734 (248)	8,637,923 (2320)	23,352,857 (370)	23,273,236 (484)	−79,621
1909	18,263,852 (307)	10,963,697 (2945)	29,227,549 (463)	29,228,011 (608)	462
1910	15,395,280 (259)	8,370,314 (2248)	23,765,594 (376)	23,765,594 (494)	0

* 단위는 원(元)이며, 괄호 안의 숫자는 1896년 이후 예산의 증감을 나타냄.

출처 朝鮮總督府 1937, 431~32, 451면.

표 2 대한제국기 항목별 국가예산 지출비율

연도	황실비	국방비	행정비	국채비	사업비	안녕유지비	기타
1896	9.0	16.3	53.0	7.9	7.4	5.3	2.5
1897	15.5	23.4	34.6	12.4	6.7	5.4	1.3
1898	12.4	27.7	36.5	9.3	5.0	5.8	3.5
1899	10.1	22.4	33.7	21.5	4.8	5.1	2.4
1900	10.6	26.6	42.4	2.4	8.4	6.8	3.1
1901	9.9	39.6	33.8	0.7	7.6	5.9	2.5
1902	11.9	36.7	33.7	0.0	7.0	7.8	2.9
1903	9.3	38.3	28.7	9.2	6.3	6.2	2.3
1904	8.4	36.4	22.9	16.4	10.0	5.6	1.9
1905	7.6	25.4	22.4	10.2	4.4	4.0	26.0
1906	16.3	17.3	32.7	5.2	3.4	3.7	21.1
1907	10.2	10.5	18.4	11.7	20.6	11.1	17.4
1908	7.8	1.5	20.4	6.6	35.8	22.0	5.8
1909	6.0	0.6	16.9	13.5	38.6	17.6	6.6
1910	6.6	0.0	21.9	10.7	39.6	13.0	7.9

* 기타 항목에는 사회복지 및 기타 비용이 포함됨.

출처 김대준 1973, 35면; 友邦協會 1964, 213~20면.

위의 자료에서 당시 재정지출에 관한 몇가지 특징을 찾을 수 있다. 우선 1901년과 1904년 사이에 국방비 지출이 두드러지게 증가했다는 점이다. 이는 국가의 역할 가운데 가장 중요한 것이 군사적 기능이며, 국가의 예산규모는 전쟁의 수행이나 준비에 따라 변화한다는 주장 (Mann 1988a, 93면)을 뒷받침해주고 있다. 1905년 조선이 일본의 보호 국체제로 넘어감에 따라 국방비는 급격히 줄어들고 그 비용은 국내의 치안유지 비용으로 전환되어 의병진압 등에 사용되었다.

그러나 이 기간에 늘어난 군사비가 곧 군사력의 강화를 가져오지는 못한 채 국가개혁을 위한 다른 사업비의 감소만 초래하였다. 증가된 국방예산의 상당 부분이 군사력 강화에 쓰이지 못하고 외국인 고문관의 급료로 지급되었기 때문이다. 따라서 막대한 예산의 지출에도 불구하고 수천 명의 군인들로 이루어진 조선의 국방력은 극도로 취약한 상태에 머물러, 외국에서는 이를 군대집단이기보다는 정치집단에 가깝다는 평가를 내리기도 했다(러시아대장성 1983, 339면). 이는 군사비뿐만 아니라 행정 전반에 걸쳐 나타난 문제였다. 가령, 1896년의 경우 50% 이상의 지출을 행정비용으로 사용하고 있는데, 가장 많은 비중을 차지한 것은 관리의 급료였다. 광무개혁 기간에도 국가예산의 약 20~30%가 인건비로 사용되었는데, 이러한 지출양상은 필연적으로 개혁을 추진하기 위한 사업비의 지출을 상당한 정도로 잠식하였다. 따라서 국가개혁 기간에 전반적인 국가재정의 규모는 증대하였지만 개혁사업을 위한 자원의 동원에는 여전히 한계가 있었던 것이다.

통화정책을 통한 자원동원의 한계

19세기 후반의 국가개혁가들 특히 광무개혁기의 국가가 자원동원을 위해 사용한 중요한 방안은 화폐의 발행이었다. 물론 여기서 말하는 화폐는 조선시대 대부분의 기간에 통용되었던 실질화폐가 아닌 명목화폐를 의미한다. 대원군 시대에 명목화폐인 당오전(當五錢)과 당백전(當百錢)이 발행된 이래로 이 방법은 국가가 자원을 동원하는 가장 손쉬운 수단이 되었다. 국가의 입장에서 보면, 명목화폐 발행은 원료로 쓰이는 구리와 같은 희소자원을 소량 사용하면서도 실질화폐와 같은 가치를 유통시킬 수 있다는 점에서 상당히 매력적인 자원동원 방안임에 틀림이 없다. 그러나 사용자들은 화폐의 실질가치(즉, 화폐의 재료가 가진 실질가치)에 따른 상업적 교환을 선호하였고 실제로 화폐의 실질가치만을 중시했기 때문에 명목화폐 발행을 그리 반기지 않았다. 따라서 세금을 중앙정부에 납부하는 지방관리들은 명목화폐를 액면 가격보다 싼값에 구입해서 세전(稅錢)으로 납부해 그 차액을 챙기는 경우도 흔히 있었다. 더구나 명목화폐는 통화량의 팽창을 가져오고 결국 가격상승을 초래해 일반농민들에게는 불리하게 작용했기 때문에 이들은 이 제도의 도입을 기부하는 경향이 강했다. 이런 이유로 조선정부는 1869년에 마침내 명목화폐의 유통을 중지하기로 결정했다 (岡庸一 1903, 314면).

그러나 국가재정이 개선되지 않은 상태에서 재정수요가 갈수록 늘어나자 갑오개혁의 주체들은 자원확보 전략으로 1894년에 다시 명목화폐 발행을 시도했다. 군국기무처가 '신식화폐발행장정(新式貨幣發行章程)'을 공포함으로써 우리 역사상 최초로 본위(本位) 화폐제가 도입되었고, 은(銀)을 본위화폐로 하여 백동(白銅), 적동(赤銅) 및 황동(黃銅)으로 주조된 화폐가 발행되어 유통되었다. 이러한 화폐제도는 일본의 은본위제를 모방한 것인데, 이로 인해 일본화폐가 조선에 유입되기에 유리한 조건이 만들어졌다.[40] 이 가운데 본위화폐인 은화

---

40) 은본위제는 1901년까지 유지되다가 탁지부대신이었던 이용익에 의해 금본위제로

의 발행은 상대적으로 낮은 비율을 차지했고, 백동화가 가장 많이 발행되어 화폐경제의 도입에 중요한 역할을 맡게 되었다. 신식화폐발행장정에 의해 발행된 화폐의 총량은 1903년 기준 1,550만원인데, 본위화는 19,000원에 불과했고 백동화가 총 발행액의 86%인 1,329만여원에 이르렀다(조기준 1965, 351~53면). 그 이유는 2전 5푼에 해당되는 백동화의 실질가치가 명목가치에 비해 현저하게 낮아 발행으로부터 얻는 이익이 컸기 때문이었다.[41]

정부는 신식화폐 발행을 용이하게 하기 위해 일정한 특허권료를 지불하면 민간인에게도 주조를 허락했는데, 이로 인해 화폐의 남발이 일어났고 심지어는 위조화도 적지 않게 발행되었다. 특히 백동화 발행이 가장 큰 이익을 가져다주었기 때문에 민간의 주조는 백동화에 집중되어 백동화가 유통되던 서울과 서북지역(경기, 평안, 충청, 강원)은 백동화가 은화를 완전히 몰아내는 결과를 가져왔다. 반면에 백동화의 유통이 저조했던 남부지역에서는 전통적인 엽전이 여전히 주된 화폐로 통용되었다. 이렇게 하여 본위화폐는 밀려난 채 엽전과 백동화가 지역적으로 분할하여 주된 통화화폐로 자리잡으면서 상업유통의 수단이 되었다. 결국 악화가 양화를 구축한다는 그레셤(Gresham)의 법칙이 이 시기에도 적용되었던 것이다.

바뀌었다.
41) 1896년도에는 31만 5천여원을 투입하여 보조화폐 78만 2천여원을 제조하고 그 순이익 46만 6천여원으로 다시 은화를 제조할 예정이었다. 백동화의 발행은 대체로 60%의 이익을 가져올 것으로 예상되었는데, 실제로는 백동화의 남발이 인플레이션을 초래함에 따라 주조이익은 액면가의 30% 정도로 줄어들었다(『官報』 1896년 1월 20일, 김재호 1977, 133면에서 재인용).

그러나 백동화의 광범위한 유통이 곧 백동화의 대중적 지지나 선호를 의미하지는 않았다. 백동화는 동전의 크기가 커서 운반과 수송이 쉽지 않았고, 낮은 실질가치와 위조화의 범람으로 인해 실제 상거래에서는 선호되지 않았다. 특히 외국상인들은 백동화를 통한 거래를 거부했고 그 대신 청일전쟁 이래로 조선에 퍼지게 된 일본화폐를 무역에 사용하도록 요구했다. 일본화폐에 대한 선호는 조선화폐, 특히 백동화의 가치를 더욱 떨어뜨려 백동화는 명목화폐로서의 가치보다는 화폐의 원료가치를 가진 상품으로 간주되었다. 따라서 일본의 구리가격이 오르면 조선의 개항장에 있던 일본상인들은 낮은 가격으로 화폐를 수집하여 녹인 다음 원자재로 탈바꿈시켜 일본으로 수출했다.

상당히 큰 이익이 남는 사업이었음에도 불구하고 백동화를 통한 새로운 화폐정책이 자원동원의 수단으로서 가진 한계는 분명하였다. 우선, 백동화의 주조 이익이 국가로 귀속되지 못한 문제를 지적할 수 있다. 백동화 주조를 담당했던 전환국(典圜局)은 광무개혁 시기 이용익(李容翊)이 관장하고 있었는데, 1899년 이용익은 궁내부(宮內府)의 재정기구였던 내장원(內藏院)의 내장사장(內藏司長)에 취임하면서 전환국장을 겸하게 되었다(『官報』1899년 4월 21일). 이로 인해 전환국은 실제로 내장원에 속하게 되었고, 따라서 내장원의 화폐발행 이익은 국고로 편입되지 않은 채 왕실의 수입원이 되고 말았다. 이러한 변화를 반영하듯, 전환국의 백동화 발행은 내장원으로 이관된 1899년 들어 급격히 늘어났다. 가령, 갑오개혁의 자원동원을 위해 백동화 발행이 활발하게 추진되던 1895년에도 전환국의 백동화 발행은 160,869원(元)에 그쳤으나, 1899년에는 1,281,637원을 발행하여 무려 8배에

가까운 증가를 보였고, 1903년에는 3,610,189원에 이르렀다.[42]

이러한 경향은 조선이 일본의 보호국체제로 전락할 때까지 지속되었다. 1904년 재정고문이었던 메까타(目賀田)에 의해 백동화 유통이 금지되고 신식화폐로 교환될 때까지 전환국은 1,700만원 가량의 백동화를 주조하였는데, 이는 전체 통화량의 약 28%에 해당하는 막대한 규모였다(澁澤榮― 1909, 51~2면). 조세징수권을 선급금(先給金)으로 대체하여 재원을 확충한 외획과 마찬가지로 내장원은 전환국을 지배함으로써 화폐발행이라는 공적 수단을 축재의 방편으로 삼았음을 알 수 있다.

광무개혁 시기에 재정곤란이 심화되자 탁지부는 보다 대규모의 외획을 내장원에 의뢰하였다. 1902년과 1904년 사이에 이루어진 내장원의 외획규모는 총 508만여원(2,544만냥)에 달하며 이는 전체 지세과세액의 16%, 예산액의 23%, 실수입의 30%에 해당된다. 1903년의 경우, 삼남지역 전체 지세의 1/3에 해당되는 200만원이 외장원에 외획되기도 했다(김재호 1997, 141, 145면). 이 규모로 보아 국가재정의 상당 부분이 국가의 공식적인 재무기구였던 탁지부가 아닌 왕실에 의해 좌우되었음을 알 수 있다. 물론 왕실이 이 수익의 일정 부분을 근대적 인프라 구축에 사용했던 것도 사실이다. 그러나 여전히 국가의 수익이 공식적인 정부의 수입이 아닌 왕실의 수입이 되었으며 이 수입을 어떻게 그리고 얼마나 공적인 용도의 국가개혁을 위해 쓸 것인가는 왕실

---

42) 中賀宣政「近代朝鮮貨幣及典圜局の沿革」, 『朝鮮總督府月報』 4권 12호(1914), 37면, 김재호(1997) 134면에서 재인용.

의 주관적 판단에 의해 결정될 수밖에 없었다. 그런 점에서 막대한 규모의 공적 재원이 왕실의 자본축적 수단으로 활용된 것은 한말의 개혁운동에 중요한 재정적 장애요인으로 작용했던 것이다.

백동화를 통한 화폐정책이 한말의 국가개혁을 위한 자원동원에 걸림돌로 작용하게 된 또다른 이유는 백동화의 범람이 가져온 인플레이션 때문이다. 백동화가 남발되고 위조화가 범람하면서 백동화의 가치는 하락할 수밖에 없었다. 특히 백동화가 민간에 의해 사사로이 주조되면서 백동화에 포함된 원재료의 비율을 낮추게 되었고 이로 인해 백동화의 실질가치는 더욱 하락하여 가격상승을 부채질했다. 백동화에 따른 인플레이션을 더욱 증가시킨 것은 일본화폐의 유통이었다. 상업거래에서 백동화가 회피되고 일본화폐가 선호됨에 따라 백동화의 가치는 더욱 추락하게 되었다. 가치가 하락한 백동화의 대량 주조는 화폐경제의 원초적 단계에 있던 당시의 물가를 상승시키기에 충분했다. 이러한 상황을 반영하듯, 1904년의 화폐개혁 당시 새 화폐에 대한 백동화의 명목가치는 원래 가치의 절반 수준으로 떨어져 있었다.

아래 표 3은 백동화가 유통되던 시기를 전후한 한말의 물가상황을 보여준다. 이 표에 나타나듯이, 곡가는 전반적으로 계속 상승하는 추세를 보여주고 있다. 이것은 백동화의 범람이 농산물의 일반적인 가격을 상승시켰고, 그에 따라 지대와 상품가격이 동시에 상승함으로써 백동화의 실질가치는 더욱 하락하는 악순환이 일어났음을 말해준다. 특히 백동화의 발행이 급증한 1898년 이후의 물가상승은 이러한 경향을 입증해주고 있다. 앞에서 이미 백동화의 발행증가 상황을 검토했는데, 백동화의 발행추세는 당시의 물가상승지수와 거의 일치되는

표 3 농촌의 재화가격과 물가지수(1890~1905)

	미 전(쯅)/승(升)	맥 전/승	두 전/승	백목 전/척(尺)	미가 지수	물가 지수
1890	4.61	3.23	3.12	1.45	46.42	57.61
1891	3.51	4.17	2.87	1.50	35.32	54.86
1892	5.41	5.11	3.23	1.55	54.39	62.20
1893	8.55	6.20	3.59	1.60	86.03	76.80
1894	7.81	4.53	3.95	1.65	78.58	73.51
1895	8.28	3.55	4.31	1.57	83.36	72.40
1896	5.10	2.57	3.26	1.48	51.29	60.01
1897	4.64	3.10	2.20	1.40	46.70	59.78
1898	8.14	5.89	5.47	2.06	81.94	84.01
1899	8.40	6.39	6.14	1.93	84.52	81.61
1900	8.39	5.75	4.78	1.90	84.43	91.49
1901	7.53	4.92	5.52	1.90	75.75	88.10
1902	10.76	5.35	6.27	1.90	108.30	109.15
1903	11.26	8.92	10.60	1.90	113.32	116.10
1904	11.47	10.57	8.74	2.13	115.41	121.41
1905	11.05	5.49	4.93	1.57	111.14	112.44

출처 박기주·이우연 2001, 176면.

경향을 보여주고 있다.

이와같이 국가개혁이 추진되던 당시에 형성되었던 인플레이션은 개혁기간에 팽창된 국가예산의 실질가치를 떨어뜨리기에 충분한 규모였다. 따라서 개혁주도세력이 개혁기간을 통해 자원동원에 모든 노력을 기울였음에도 불구하고 그러한 목적을 달성하기는 쉽지 않았고, 그나마 어렵게 마련된 국가의 재원은 항상적으로 상승하고 있던 가격구조로 인해 그 효력을 상실하고 말았다. 결국, 악화의 남발이 가져올 수 있는 위험성에도 불구하고 화폐를 발행함으로써 필요한 재원을 손쉽게 마련하려 했던 관료들의 태도가 오히려 개혁을 위한 자원확보에 결정적인 걸림돌로 작용하고 만 것이다. 물론 광무정권도 화폐발행으로 인한 인플레이션의 위험성을 인식하면서 화폐개혁을 위한 차관을 프랑스로부터 도입하고 근대적 금융기관을 설립하는 등 여러 방안을 강구했으나(이승렬 2007, 74, 77면), 차관도입이 영국과 일본의 방해로 실패하자 불가피하게 백동화의 남발을 용인할 수밖에 없었다.[43] 이러한 정책의 실패로 인해 개혁을 추진한 정치엘리뜨들은 스스로가 판 함정에 빠진 꼴이 되었고, 그 고통은 엄청난 가격상승으로 인해 생존유지의 위험에 직면한 농민들의 몫으로 돌아갔다.

43) 당시 설립된 대표적 은행인 대한천일은행(大韓天一銀行)은 정부의 조세청부를 맡아 전국 205개 군에서 조세를 납부받았다(이승렬 2007, 95~96면).

제6장

스스로 강해지는 길을 찾아서

개신유학자들의 자강운동

조선의 역사에서 19세기 후반은 국가적 위기를 극복하려는 개혁의 시기로 불릴 수 있다. 농민들은 동학농민운동을 통해 밑으로부터의 개혁을 추진하였으며, 이들의 반대편에서 개화파는 위로부터의 개혁을 통해 조선을 새로운 모습으로 탈바꿈시키려 했다. 이 시기를 연구하는 학자들도 개혁의 주체를 누구로 설정할 것이며, 이들이 이루어 놓은 개혁에 대해 어떤 평가를 내릴 것인가에 관해 서로 다른 입장을 보여주고 있다. 지금까지 많은 학자들이 이 시기를 연구할 때 가장 큰 관심을 가졌던 것은 독립협회와 『독립신문』을 중심으로 하는 개화파(특히 문명개화론자들)에 의해 추진된 개혁운동이었다. 분명 이들의 개혁운동은 근대 민주주의 사상의 보급은 물론이며 민족국가 수립에 선구적 역할을 수행했다.[44] 그러나 이러한 경향이 그 당시 추진된 다양한 개혁노력에 대해 무관심하도록 만들기도 했으나 다행스럽게도 최근 들어 이 문제는 어느정도 극복되고 있다. 당시의 개혁논의가 독립협회를 중심으로 이루어질 수밖에 없었다는 점을 인정하면서도 그들이 가진 인식과 대응이 당시의 과제를 해결하는 데에는 한계가 있었음을 지적하는 연구도 있으며,[45] 더 나아가 당시의 위기는 민중이 주도한 아래로부터의 개혁을 통해서만 해결될 수 있었음을 주장하는 연구도 있다.[46]

최근에 특히 관심을 끌고 있는 것은 고종이나 보수 관료에 의해 추진된 광무개혁과 근대화 노력이며, 이에 못지않게 중요성을 인정받고 있는 것이 전통적인 유학에 기반을 둔 개혁사상이다. 보수 관료가 주도한 광무개혁에 관해서는 앞장에서 이미 살펴보았고, 이 장에서는 유학을 새롭게 함으로써 국가적 위기를 넘어서려고 했던 개신유학자들의 자강운동사상에 관해 분석해보려고 한다. 이 시기 사회변혁의 모습을 제시한 대표적인 개신유학자로는 장지연(張志淵), 박은식(朴殷植), 신채호(申采浩), 남궁억(南宮檍), 나수연(羅壽淵) 등이 있으며, 이들은 『황성신문(皇城新聞)』[47]과 함께 『대한자강회월보(大韓自强會月

---

44) 개화파에 대한 긍정적 평가는 이 시기에 관한 몇몇 고전적 연구들에서 잘 나타난다. 대표적으로는 신용하(1976), 강재언(1981), 이광린(1989) 등 참조.
45) 개화파에 대한 보다 최근의 연구들은 개화파 개혁이 가진 의미와 한계를 동시에 강조하는 경향을 보여주고 있다. 이들은 갑오개혁을 비롯한 개화파의 개혁이 가진 근대성에 주목하면서도 근대적 국가수립의 의미와 한계를 보다 객관적이고 종합적인 입장에서 분석하고 있다. 대표적인 연구로는 주진오(1995), 왕현종(2003) 참조.
46) 동학농민운동의 역사적 의의를 강조하는 많은 연구들이 이에 포함될 수 있다. 가령, 조경달(1983), 신일철 외(1984), 안병욱(1997) 등 참조.
47) 『황성신문』은 1898년(광무 2년) 9월 5일 창간되어 1910년 8월 30일 『한성신문

報)』『대한협회회보(大韓協會會報)』『호남학보(湖南學報)』등의 언론을 통해 자신들의 생각을 사회적 여론으로 만들려 했다.

이 장에서는 이들이 과연 어떤 개혁을 꿈꾸었으며, 자신들의 삶의 기반이 되었던 전통적 세계에서 벗어나 어떤 새로운 세계를 만들려고 했는지, 그리고 이들이 가진 생각의 한계는 무엇이었는지를 살펴보기로 한다. 이러한 문제들에 대한 검토는 이 시대의 개혁사상을 분석하는 데 반드시 필요하며, 같은 시기에 사회개혁을 꿈꾸었던 문명개화론자들의 생각과 비교될 수 있을 것이다. 그런 점에서 개신유학자들이 주도한 언론에 나타난 근대화 프로젝트의 내용을 검토하면서 필요에 따라 문명개화론자들의 생각을 가장 잘 보여줄 수 있는 『독립신문』의 개혁사상과 비교해보기로 한다.[48]

(漢城新聞)』으로 이름을 바꾸었다가 동년 9월 14일에 폐간되었다. 이 신문을 주도한 인물들은 남궁억, 나수연, 장지연, 박은식, 유근(柳瑾)과 같이 유교적 기반을 가진 자강론자들이다. 『황성신문』은 당시의 광무정권과 밀접한 관계 속에서 발행되었던 만큼 광무정권의 근대적 개혁에 대한 개신유학자들의 태도를 규명해줄 수 있다. 이에 관해서는 강만생(1987, 79면) 참조.

48) 개신유학자와 독립협회, 그리고 문명개화론자와 『독립신문』의 관계에 관해 약간의 설명이 필요하다. 서구의 도입에 있어 개신유학자들이 문명개화론자와 다른 입장을 지녔음은 이미 2장에서 설명했다. 갑오개혁 이후 많은 문명개화론자들이 독립협회에 참여하여 새로운 사회개혁을 실현하려 했다. 그러나 개신유학자 가운데 상당수도 역시 독립협회에 참여했다. 특히 남궁억, 나수연 등은 독립협회의 주요 인물들이었다. 독립협회가 문명개화론자 외에도 상당히 이질적인 인물들을 포함했다는 점에서 독립협회 참여자들과 개신유학자를 분명하게 구분하는 것은 쉽지 않다. 그럼에도 불구하고 문명개화론자들이 사회개혁운동을 위해 독립협회를 상당한 정도로 이용했으며 독립협회에서 문명개화론자들의 영향력이 컸다는 점은 인정될 수 있다. 마찬가지로 『독립신문』에는 문명개화론자 이외의 많은 인물들이 관여했다는 점에서 둘 사이의 관계를 완전한 일치로 보기는 힘들다. 단지 이 시기 문명개화론자

위기의식과 개혁의 필요성 확산

대한제국 시기 일부 극단적인 보수 반동세력을 제외한 대부분은 당시 국가가 처한 위기상황을 심각하게 인식하고 있었으며 따라서 개혁의 필요성에 대해서도 분명히 인정하고 있었다. 특히 보수 관료에 의해 주도된 광무개혁에서 토지조사를 포함한 새로운 개혁이 적극 추진되었으며, 매우 급진적인 내용을 담고 추진되었던 갑오개혁의 성과가 완전히 부정되지 않았다는 점에서 대한제국 시기에 일반적으로 나타난 현상은 구제도로의 복구에 대한 요구보다는 근대적 개혁에 대한 공감대라고 볼 수 있다. 개신유학자들도 이러한 경향에서 예외는 아니었다. 이러한 사실은 『황성신문』에서 쉽게 찾아볼 수 있다. 『황성신문』(1899년 2월 3일 논설)에서는 신구(新舊)가 혼재된 상황을 비판하면서 옛것을 혁파하지 않고서는 새것을 추구할 수 없음을 주장하고 있는데, 당시 조선이 처한 위급한 상황을 '쓰러져가는 낡은 집과 병들어 죽음을 맞이하고 있는 환자'에 비유했다. 그러면서 이러한 상황에서는 비상한 방법과 비상한 대책으로 개혁을 실행하지 않을 수 없다고 주장하고 있다.

개신유학자들은 개혁을 통한 부강의 달성이 국가의 목적이며 이를 통해 대한제국도 문명으로 나아갈 수 있다고 주장했다. 이들이 위기를 극복하기 위한 개혁모델로 선택한 것은 중국의 변법(變法)운동과

들의 생각을 가장 잘 대변한 것이 『독립신문』이었다는 것으로 둘 사이의 관계를 규정하려 한다. 개신유학자들의 자강사상과 문명개화론자의 근대화 사상 사이의 비교에 관한 이 장의 분석은 김동노(2006)의 내용을 수정·보완한 것이다.

함께 일본의 명치유신이었다. 유학자들이 중국에서 일어난 개혁운동에 관심을 가진 것은 그리 놀라운 일이 아니지만 전통적으로 도외시해왔던 일본에 대해 관심을 갖게 된 것은 주목할 만한 일이다. 이들이 보기에 명치유신 이래로 급속히 개혁을 추진하여 제국주의 대열에 합류한 일본의 개혁은 모방할 만한 가치를 충분히 가진 모델이었다.

문화계몽운동의 대표적인 단체였던 대한자강회나 대한협회의 실질적인 고문 역할을 일본인 오오가끼(大垣丈夫)가 맡고 있었다는 사실도 이런 경향과 무관하지는 않은 듯하다(김도형 1994, 71면). 이들에게 있어 일본은 대한제국이 따라야 할 모범을 제공해주었으며, 특히 일본과 중국이 근대에 들어오면서 보여준 서로 다른 역사적 발전의 궤적은 대한제국이 어떤 미래를 만들어가야 할지를 예시적으로 입증해준 것이었다. 가령, 『황성신문』(1899년 6월 28일 논설)에서는 일본과 청을 비교하면서 일본이 동양에서 일등국일 뿐만 아니라 서구 열강과 어깨를 나란히할 수 있었던 비결을 새로운 제도(특히 신법)의 수용으로 인식하면서, 대한제국이 옛것을 버리고 새로운 것으로 나아가야 할 당위성을 일본의 예에서 찾고 있다.

이러한 주장은 일면 개신유학자들의 개혁관이 기존 체제의 급격한 변화를 추구하고 있는 것 같은 인상을 주지만, 실제로 개신유학자들이 이러한 방식의 개혁을 꿈꾸지는 않았다. 문명개화론자와 같은 일부 급진세력이 유교를 포함한 전통적 요소를 완전히 포기한 가운데 서양의 문물·제도·종교를 전면적으로 수용할 것을 주장한 데 반해, 이들은 여전히 전통을 완전히 부정하지는 않았다. 물론 개신유학자들 가운데에도 전통을 어떻게 받아들일 것인가에 관해 서로 다른 의견이 있기는 하지만,[49] 이들은 대체로 전통을 버리지 않는 한도 내에서 개혁을 생각하고 있었다. 가령, 서북학회를 대표하던 박은식은 부국강병을 위해 서양의 학문을 받아들이지 않을 수 없음을 주장하면서도 구학인 유교를 기본으로 하고 신학을 첨가하여 양자의 장·단점을 절충하는 방식으로 나아가야 한다고 주장하였다.

개신유학자들이 보기에 조선에 미법양규(美法良規)가 없었던 것이 아니라 예전에는 있다가 최근에 들어서 없어진 것이며(『황성신문』 1899년 6월 28일 논설), 이들이 생각하는 개화는 "예전과 지금의 형세를 짐작하고 양쪽의 사정을 비교하여 그 장점을 얻고 단점을 버리는 것(古今의 形勢를 斟酌ㅎ며 彼此의 事情을 比較ㅎ여 其長을 取ㅎ고 其短을 棄ㅎ는 것, 『황성신문』 1898년 9월 23일 논설)"인 만큼 유교를 포함한 전통적 요소와 새로운 요소를 절충하는 개화였던 것이다.[50] 만약 이를 망각하고 단순히 서양의 것만을 받아들이면 이는 허명개화(虛名開化)에 지나지 않는 것이라 여겼다. 한걸음 더 나아가 이들은 당시 서구의 발전된 문명이 중국 삼대(夏, 殷, 周)의 문명과 동일하므로, 개혁을 위한 방책을 중국 삼대의 교훈에서 찾아야 한다고 주장했다(『황성신문』 1898년 10월 27일 논설).

---

49) 이른바 애국계몽운동 내에도 다양한 계파가 존재했는데, 가령 박찬승(1992)은 이를 대한협회 계열, 황성신문 계열, 대한매일신보 계열, 청년학우회 계열로 세분하고 있다.
50) 당시 지식인 가운데 일부는 이러한 관점에 근거하여 개화파를 비판적으로 인식한 경우도 있다. 가령, 유승흠은 개화파의 기본원리가 '거구창신(去舊創新)'이라고 이해하면서 이들이 "開化의 眞面은 不知ㅎ고 그 皮相만 飾得"한 것으로 비난했다(柳承欽 1907).

　　따라서 개신유학자들은 전통에 기반한 근대적 개혁이 개혁의 기본
방향이어야 함을 주장하고 그 방책을 다양하게 표현했다. 이러한 맥
락에서 이들이 생각한 국가적 위기를 극복하는 최선의 방법은 자강
(自强)이었으며 이 정책은 구체적으로 교육진흥과 식산흥업으로 표현
되었다.[51]

근대적 교육과 인재양성

　　개신유학자들이 생각하기에 나라를 강하게 하는 가장 기본은 교육
의 발전이었다. 이들은 교육이 곧 국가의 흥망을 좌우하고 따라서 교
육을 통한 인재의 양성과 국력의 강화가 국권회복의 지름길이라는 인
식을 가지고 있었다. 당시 많은 지식인들에게 가장 영향력이 강했던
사상이 사회진화론이었다(김도형 1994, 132~33면)는 점에서 보면, 교육
의 성패는 국가의 역량을 결정하고 결국 국가의 정체성을 결정하는
요인이었다. 따라서 교육을 통한 실력양성이 곧 국권유지와 회복에
결정적으로 중요할 수밖에 없었다. 이러한 생각에서 박은식은 "교육
의 힘을 통해 국운을 만회시키고 빈사한 인민을 되살리도록(敎育之
力이여 垂絶흔 國運을 挽回하고 瀕死흔 人民을 蘇活케)" 할 수 있음

51) 교육진흥과 식산흥업이라는 자강의 목표는 독립협회에 의해서도 주장되었지만,
　　교육의 내용에 있어서는 독립협회의 주장과 개신유학자의 주장 사이에 어느정도 차
　　별성이 있다. 특히 이들은 교육내용에 있어 구학(舊學)인 유교를 어떻게 다룰 것인
　　가를 둘러싸고 차이를 보여주었다.

을 주장한다.

이러한 경향을 반영하여 『황성신문』도 근대적 개혁의 가장 주된 주제로 교육을 다루었다. 『황성신문』(1901년 9월 20일 논설)은 나라의 부강이 인재의 개발에 의해 결정되며, 인재의 개발은 교육을 통해서 가능하다는 주장을 빈번히 제시했으며 동시에 학문의 발전을 통해 대한제국이 문명으로 나아갈 수 있음을 주장했다. 그런 점에서 『황성신문』은 늦은 나이에 학문의 길에 접어든 만학도를 칭송하기도 했고, 학교설립에 대한 재정적 지원을 호소하기도 했으며, 사립학교에 대한 투자를 권유하기도 했다.

이러한 흐름을 반영하듯 실제로 대한제국 시기에 학교수와 학생수가 급증하였으며 교육내용에서도 변화가 일어났다. 그러나 개신유학자들은 학생수의 증가에도 불구하고 여전히 불만족스러운 태도를 보였다. 특히 이들 가운데 일부는 일본이 문명상태에 도달하고 부강한 국가로 성장할 수 있었던 이유를 교육의 발전에서 찾고 있었던 만큼 일본에 비해 상대적으로 열악한 조선의 교육현실에 대해 개탄하기도 했다. 가령, 일본의 학생수는 당시에 3백만에 이르러 전체 4천만 인구 가운데 1/13이 학생이었던 반면, 대한제국의 학생수는 경성의 경우 겨우 2천에 지나지 않아 일본과는 비교가 되지 않을 정도로 부진함을 비판적으로 지적했다(『황성신문』 1898년 9월 9일 논설).

이 문제를 근본적으로 해결할 수 있는 방안으로 의무교육에 관한 논의가 제기되기도 했다. 이러한 생각을 가장 잘 보여주는 것은 강엽 (姜曄)의 의무교육론이다. 그는 나라를 부강하게 만드는 데 있어 가장 중요한 요인은 의무교육제도의 도입인 만큼 의무교육법은 최고의 법이라고 찬양하기도 했다. 즉, 그는 "의무교육법이 서양에서 시작되어 지금에 이르러서는 전세계로 퍼지고 있는데, 이 법을 행하면 국부(國富)가 부강해지고 이를 행하지 않으면 나라가 빈약해지니 이야말로 고금과 동서를 통해 최고의 법"이라는 논리를 제시하면서 의무교육 도입의 필요성을 역설했다(姜曄 1908). 그러나 의무교육 방안은 구상에 지나지 않았고 학교를 다닌 학생의 계급적 배경은 주로 예전의 양반이나 중인층의 자제인 경우가 많았다.[52]

당시의 교육현실에서 부족한 학생수보다 더 심각한 문제는 부실한 교육내용이었다. 무엇을 어떻게 가르칠 것인가는 어떤 종류의 인재를 양성해낼 것인가와 직결되기 때문에 개혁주체의 세계관과 개혁방향에 따라 달라질 수밖에 없을 것이다. 개신유학자들의 교육관에서 제시된 교육내용은 주로 새로운 학문의 수용으로 표현되고 있다. 『황성신문』은 당시의 학생들이 구문(舊文)을 습득하고 있음을 비판했으며, 『대한자강회월보』에서도 새로운 교육을 위한 교육재료가 마련되지 못한 것을 안타까워했다(『황성신문』 1898년 9월 9일 논설; 金成喜 1906a).

이런 맥락에서 당시의 교육이 전문교육에는 미치지 못하고 보통교육에 치중하고 있음을 비판하는 주장도 제시되었다. 보통교육을 통해 인격의 함양은 이루어질 수 있겠지만, 국가의 자강을 위한 충분한 방안은 되지 못했던 만큼 전문교육의 진흥은 국가의 근대적 산업화를 위해 필수적으로 요청되었다. 광무정권도 이러한 필요성을 깊이 인식

---

52) 기독교계통의 학교에 다닌 학생의 경우에는 하층민과 부녀자가 상대적으로 많았다(류방란 2001, 262~63면).

하고 있었기 때문에 교육내용의 개혁을 계속 시도하였다. 가령, 학부는 훈령을 통해 "사서삼경(四書三經), 한당사기(漢唐史記), 시부(時賦)"를 중심으로 하는 교육이 주재(主宰) 없음을 경고하면서 교육내용을 바꾸도록 권유하고 있다. 이런 식으로 경서(經書)와 시부(詩賦) 중심의 전통적 교육과는 근본적으로 다른 교육내용이 개혁의 목표로 제시되기도 했다. 교육내용의 실용화는 정치, 경제, 법률과 같은 전통적인 교육영역에서도 이루어져야겠지만 더 중요하게는 전문적인 실업교육의 도입과 강화가 우선적인 중요성을 가질 것이다. 따라서『황성신문』(1900년 4월 18일 논설)은 경전 위주의 교육에서 실용적 교육으로 전환시켜야 할 필요성을 주장하면서 의약, 목축, 천문, 지리, 농업 기술 등의 영역에서 기술교육이 필요함을 강조하였다.

교육내용의 실용화와 전문교육의 필요성을 강조하는 개신유학자의 입장은 상당한 정도로 사회적 호응을 얻었으며『독립신문』에서도 유사한 주장이 제시되었다. 가령,『독립신문』은 모든 국민이 실업에 종사할 것을 호소하면서 정부의 적극적인 지원이 있어야 한다고 여러 차례에 걸쳐 역설하였다(유봉호 1999, 414면). 그러나 교육의 실용화에 대한 근본적인 입장에서 개신유학자들은 문명개화론자를 포함한 급진적 개화파와는 일정한 차별성을 지녔다. 개신유학자들도 신학(新學) 수용의 필요성에는 동의하고 있지만 구학인 유학에 대한 입장에서는 문명개화론자들과 분명히 구분된다. 가령,『황성신문』은 서학의 수용과 함께 "본국학(本國學)과 외국학(外國學)을 고르게 가르쳐 실력천행(實力踐行)해야 함"을 강조하고 있다(김민한 1988, 268면). 이는 서양의 종교는 도입하지 않은 채 기술만 도입하는 것은 "근본을 버리고 가지만 취하는 것”과 같다고 비판하는 『독립신문』(1899년 9월 12일 논설)과는 분명 대조적이다.

개신유학자에게 있어서 기술교육은 서구의 기술을 가르치는 것이기는 하지만 여전히 그 목적은 유교의 이용후생이나 격물치지로 정당화되었다. 개신유학자들은 때로는 구학을 체(體)로 그리고 신학을 용(用)으로 표현하기도 하고, 때로는 구학을 본(本)으로 신학을 참(參)으로 표현하면서 유교적 기반 위에 신학을 수용하겠다는 태도를 보여주었다. 이런 점에서 박은식은 보수적인 유림에서 신학의 수용을 강력히 반대하자 이에 대해 비판적인 태도를 보여주고 있는데, 이를 곧 유교에 대한 그의 부정적 태도를 보여주는 것이라고 이해하기보다는 신학문 수용을 거부하는 완고함에 대한 비판으로 받아들여야 할 것이다. 비슷한 맥락에서 장지연도 수시변통(隨時變通)이라는 유교의 본뜻을 이해하지 못하는 완고한 유학자들을 비판하면서 유학의 본뜻에 따라 서학을 수용해야 함을 주장하기도 했다. 개신유학자들의 이러한 태도는 곧 광무개혁의 기본 이념인 구본신참을 현실적으로 구현하는 방안이기도 했다. 그런 점에서 개신유학자들은 교육제도의 개편이나 교과과정의 전문성 제고 등에서 교육개혁의 근대성을 보여주었지만, 이들의 근대성은 여전히 전통과 조화를 이루는 한도 내에서 추구되는 것으로 이해될 수 있다.

대한제국기의 교육혁신에서 나타나는 또 하나의 중요한 변화는 여성교육에 대한 관심이다. 가령, 『황성신문』(1898년 9월 8일 별보)은 “우리보다 몬져 문명기화헌 나라들을 보면 남녀가 동등권이 잇는지라 어려셔브터 각각 학교에 든니며 각종 학문을 다 빅호아 … 그 학문과 지식이 사나회와 못지아니헌고로 권리도 일반이니 엇지 아름답지 아니허리오”라고 여성교육의 중요성을 강조했다. 여성의 입장에서 여학교 설립을 청원하기 위해 게재한 이 기고문은 남녀평등이 곧 문명개화의 한 요소임을 주장하면서 문명개화를 위해서는 여성교육이 필수적으로 요청됨을 호소하고 있다. 여성이 교육을 받는 것은 남성의 압제로부터 벗어날 수 있는 방안이며 동시에 남성과 같은 권리를 누리기 위해 필요한 조건으로 이해되고 있다.

그러나 남성의 입장에서 보는 여성교육은 상당히 다른 의미를 지니고 있었다. 당시 개혁세력들 대부분은 여성교육의 필요성을 인정하고 있지만 그 이유는 여성의 입장과는 사뭇 다르다. 남성이 파악한 여성교육의 필요성은 여성이 교육받음으로써 어머니와 아내의 역할을 좀더 잘 수행할 수 있다는 점이다. 특히 교육받은 여성이 자식의 양육에 유리하기 때문에 장차 자식을 유능한 인재로 개발하는 데 기여할 수 있다는 것이다(『황성신문』 1898년 11월 3일 논설). 여성교육에 대한 이러한 제한된 의미부여는 개신유학자들뿐만 아니라 『독립신문』에서도 거의 비슷하게 나타났다. 가령, 『독립신문』(1896년 5월 12일 논설)은 “안희가 남편만큼 학문이 잇고 지식이 잇스면 집안일이 잘될 터이료 또 그 부인네들이 ᄌ식을 낫커드면 그 ᄌ식 기르는 법과 ᄀᄅ치는 방척을 알 터이니 그 ᄌ식들이 츙실홀 터이요”라고 주장했다. 결국 이들은 여성교육의 필요성을 여성의 권리확보와 남녀평등이라는 목적보다는 나라의 힘을 강화하여 국가의 위기를 극복하는 데 필요한 남성 인재의 양성이라는 수단적 측면에서 찾고 있는 것이다.

식산흥업과 경제적 근대화

대한제국 시기의 집권세력이나 당시의 다양한 개혁주도세력들이 교육과 함께 중요성을 인정한 자강정책은 식산흥업이었다. 이들에게 있어 교육과 식산흥업은 서로 밀접하게 연결된 근대적 개혁의 과제이기도 했다(강만생 1987, 115면). 개신유학자들도 이러한 생각을 공유하고 있었다. 학문이 부진함으로 인해 상공업의 발전이 부진하며 이는 다시 이권양여로 이어진다(『황성신문』 1900년 3월 7일 논설)거나, 교육과 상공업 진흥은 연결되어 있으며 교육을 통해 농상공의 식산을 발전시킴으로써 국가를 부강하게 만들 수 있다(『황성신문』, 1900년 4월 23일 논설)는 주장에서 이러한 생각을 찾아볼 수 있다. 식산흥업과 교육진흥이 궁극적으로 목표하는 것은 국권회복이었다는 점에서 교육과 산업진흥은 자강의 두 기본축이 되었음을 알 수 있다. 따라서 대한제국에 있어 식산흥업은 서구의 근대화에서 나타난 것과 같이 사적 영역의 개인적 경제행위가 아니라 국가의 발전을 위한 공적인 성격을 어느정도 내포하고 있었다. 그런 만큼 대한제국기의 식산흥업 특히 상공업의 발전은 정부나 정부의 관료 혹은 황실에 의해 주도되는 특징이 있다.

식산흥업의 막대한 중요성을 반영하여 이에 관한 다양한 생각이 제시되었다. 식산흥업의 근대적 개혁에 있어 가장 우선적인 문제는 무엇을 어떻게 발전시킬 것인가이다. 이에 관해 개신유학자들은 대체로 농공상을 동시에 발전시키는 '농공상 병진책(竝進策)'을 제시하였다. 가령, 사농공상은 국가의 기본이며 국민의 바탕이 된다는 주장이나, 사업(四業)을 동시에 골고루 발전시켜 국가의 기본을 튼튼하게 만든 중국 삼대의 교훈을 배워야 한다(金成喜 1906b)는 주장이 이런 생각을 표현해준다. 당시의 경제적 근대화는 농업보다는 공업이나 상업의 획기적 발전을 필요로 했음에도 불구하고 이들이 농업의 중요성을 여전히 강조하고 있음은 '농본주의'라는 유교적 배경을 기반으로 식산흥업의 길을 모색하고 있음을 보여준다.

개신유학자들이 추구한 식산흥업의 또다른 특징은 전통적인 지주제를 바꿈으로써 토지제도를 개혁하여 농업문제와 농민문제를 동시에 해결하려고 한 것이 아니라 생산력의 증대를 통한 부분적 해결책을 강구하고 있다는 사실이다. 가령, 김성희는 식산의 목적이 생산력의 증가에 있고, 이를 위해서는 토지개량, 종자선택, 기계사용, 농산제조의 기술을 교유시켜야 한나고 주장함으로써 이러한 생각을 구체적으로 표현했다(金成喜 1907). 개신유학자들이 이와같이 미진한 개혁을 주장한 밑바탕에는 그들의 제한된 현실인식과 이를 바탕으로 제시된 '구본신참' 혹은 '신구절충'의 개혁원칙이 관통하고 있음을 알 수 있다.

그런데 이 생각은 『독립신문』에서 제시한 산업진흥 방안과 크게 다르지 않다. 『독립신문』은 상업과 산업의 발달이 갖는 의미와 중요성을 인정하고 그 필요성을 강조하면서도 여전히 가장 중요한 경제의 영역은 농업이라고 주장했다. 상공업을 발전시키기에는 당시의 여건이 여러가지로 부족하고 상업을 발전시키기 위해서라도 농업을 발전시키고 농업의 상업화에 주력해야 한다는 것이다. 가령, 『독립신문』(1897년 6월 1일)은 "조선에서 제조하는 것은 학문도 없고 자본도 없으므로 농사에 힘쓰는 것이 마땅하다"라고 하여 농업중심의 입장을 표명했다. 이들이 적극적으로 자본주의적 산업의 발달을 주장할 수 없었던 배경에도 역시 전통적인 농본주의의 생각이 깔려 있다. 『독립신문』(1896년 7월 25일)은 "나라가 부유하게 되려면 첫째는 농사를 잘 지어야 한다"라고 주장하면서 농업이 조선의 자연조건과 부합되는 고유 산업임을 강조했고, 또한 새로운 농사방법과 농사기술의 개량을 역설하였다. 예를 들어, 『독립신문』(1896년 7월 25일 논설)은 농법의 개량을 일반농민에게 권장하기 위해 시범농장을 마련하고 농업이 학문적 바탕 위에서 이루어지도록 해야 한다고 주장했다. 이와같이 『독립신문』은 농업문제의 개선에 있어서도 개신유학자들과 마찬가지로 지주제를 둘러싼 토지 소유관계나 임대차 관계에 대한 근본적인 문제제기보다는 농법이나 종자의 개량을 통한 생산력 발전을 주된 방안으로 제시했다.

그렇다고 해서 개신유학자들이 식산흥업의 방안으로 '농공상 병진론'에만 매달렸던 것은 아니다. 이들은 '농공상 병진론'과 함께 다른 한편으로 적극적인 상공업 진흥을 요청하는 의견도 제시했다. 공업의 부진이 국가의 부강을 가로막는 결정적인 장애물로 인식되었던 만큼 공업의 발전에 적극적으로 대처해야 한다는 목소리도 있었으며, 상업의 장려를 통해 국가의 발전을 도모해야 한다는 의견도 있었다. 공업 발전이 더욱 중요성을 갖게 된 것은 공업의 부진이 외세에 의한 이권 침탈과 연결되어 있었기 때문이다. 당시에 행해진 수많은 이권양여를 막기 위한 방법 가운데 하나는 공업을 자발적으로 발전시키는 것이었는데, 그런 의미에서 광업에 대한 관심은 상당히 큰 편이었다. 가령, 지하에 아무리 많은 광물자원이 묻혀 있더라도 공업을 통해 개발하지 못하면 그것은 쓸모없는 버려진 땅에 불과하다는 주장이 제기되기도 했는데, 이를 반영하듯 당시 개신유학자들은 자연자원의 개발에 필요한 지리 및 지질학의 과학적 지식을 보급하기 위해 애썼다.

이권양여에 대한 대비책으로 공업진흥을 주장하는 것과 같은 맥락에서 산업제품을 수입해 사용하는 폐해를 지적하면서 자체적인 공업 발전을 강조하는 입장도 제시되었다. 수입품이 가져오는 편리에만 치중하면 산업생산이 부진해질 수 있음을 우려하는 글이 『황성신문』(1899년 10월 4일 논설)에 실리기도 했다. 이 글에서는 "요즘 들어 인민이 서양베[洋布]의 편리함만을 좇아 … 생산에 힘쓰지 않으며 일함을 게을리하여 무역하는 금액이 모두 새어나가니 나라가 가난해지고 인민이 탕진하는 이유가 어기에 있나"라고 하여 산업수입품이 가져오는 폐해를 지적하였다. 그러나 다른 한편에서는 국가경제의 기본은 수입과 수출의 균형을 맞추는 것이므로 수입의 증가에 따른 피해에만 관심을 두지 말고 보다 적극적으로 산업을 진흥하여 산업생산품을 수출함으로써 국부 증진을 가져오는 원동력이 되도록 해야 한다(張志淵 1906, 33면)는 주장도 제기되었다. 그런 점에서 당시 개신유학자들은 대체로 외국과의 무역에서 수입이 가져오는 폐해에 대해 민감하게 반응하면서도 보호무역의 옹호로까지 나아가지는 않았던 것 같다.[53]

....

53) 이와 유사하게 『매일신문』은 당시 조선의 경제형편으로는 통상무역의 모든 이익이 외국인에게 돌아가기 때문에 조선정부는 개항을 확대하지 말고 백성들로 하여금 상무의 중요성을 깨닫게 하는 것이 훨씬 중요하다고 주장했다. 이러한 입장에 대해 『독립신문』은 비판적인 입장을 전개하면서 무역의 장점을 강조하였다(김도형 2004, 70~71면).

전통적으로 가장 멸시되던 상업의 진흥에 대한 이들의 생각은 한결 새로운 요소를 담고 있다. 대한제국기의 개신유학자들이 주도한 언론이 보여주는 상업에 대한 태도는 전통적 생각에서 급진적으로 이탈하고 있다. 전통적인 유교에서는 영리추구의 상행위가 인간의 심성을 어지럽힌다고 여겨 양반은 가질 수 없는 직업으로 규정했던 반면, 『황성신문』(1899년 6월 12일 논설)은 상업의 발전이 국가의 기틀을 다지며 이로부터 비롯되는 세원의 확보를 통해 학교를 설립하고 군대를 강화하는 개혁의 자원을 마련할 수 있다는 실용적인 생각을 제시했다.

상공업 진흥의 필요성이 인식된 만큼 이에 대한 국가의 역할도 당연히 중요해졌다. 조선시대의 국가가 상공업 발전에 수행한 역할은 대체로 부정적인 측면이 강하나 근대적 개혁을 위한 식산흥업에 있어서는 국가가 보다 긍정적이고 적극적인 역할을 요청받지 않을 수 없게 되었고, 이에 따라 정부의 위치도 새롭게 자리매김되었다. 『황성신문』을 포함한 당시의 개신유학자 주도의 언론에 나타난 정부의 역할은 일면 모순된 측면을 지니고 있다. 한편으로는 국가의 개입을 최소화하여 민간에 의한 경제적 자유를 최대한 보장하자는 주장이 제기되었고, 다른 한편으로는 상공업 발전을 위해 국가가 좀더 적극적으로 개입할 것이 요청되기도 했다.

그러나 경제행위에 대한 정부의 개입을 자제하도록 요청하는 경우에도 이것이 곧 서구식의 자유방임주의를 의미하지는 않는다. 가령, 『황성신문』(1899년 1월 18일 논설)에서는 "지금이라도 국가에서 개인 재산의 자유를 빼앗지 않는다면 몇년 지나지 않아 개인이 넉넉해지고 부강의 기초를 세울 수 있을 테니 어찌 국가의 으뜸으로 경사스러운 일이 아닌가"라고 주장하고 있다. 이러한 주장은 국가가 본래적으로 경제에 개입하지 않는 것이 경제발전을 위해 바람직하기 때문이 아니라 지금까지 있었던 국가의 개입이 수많은 폐해를 초래했기 때문에 이에 대한 시정을 요구하는 것으로 이해될 수 있다. 특히, 국가가 부여한 일부 특권상인에 대한 특혜와 정부관리들이 저질러온 부정한 이익추구가 경제발전의 걸림돌이 되었기 때문에 이를 바로잡을 수 있는 방안이 필요했고, 이는 곧 국가가 민간의 경제적 자유를 최대한 허용해주는 것으로 표현되었던 것이다.

그런 점에서 『황성신문』(1901년 5월 2일 논설)은 정치의 개명이 근대적 상공업 발달의 전제조건임을 주장하기도 했다. 개명되지 못한 징치체계히에서는 소모가 지나치게 많기 때문에 공업이 발달할 수 없으나, 정치를 개명시키고 나서 제조를 늘리게 되면 이익이 확장될 수 있다고 주장했다. 결국, 국가의 중요한 임무는 경제발전을 무시하거나 방해하는 것이 아니라 적극 개입하는 것이며 이를 위해서는 어떤 개입이 상공업의 발전에 도움이 될 수 있는지를 검토해야 될 것이다. 정부의 개입은 대체로 민업(民業)을 권장하고, 교육 특히 기술교육을 통해 상공업을 진흥하는 것으로 모아지고 있다.

상공업 진흥을 포함한 전반적인 경제발전에 대한 국가의 역할은 크게 보아 부정적 장애의 제거와 적극적 진흥의 방안으로 나눌 수 있다.[54] 여기서 말하는 경제발전을 가로막는 장애의 제거는 경제적 자원이 정치적 목적으로 전용되는 것을 막아야 한다는 의미이다. 특히 정

------

54) 경제발전을 위한 국가의 이중적 역할에 관해서는 Elvin(1973) 참조.

치적 권력을 부정하게 사용해서 이루어지는 경제적 이익의 착취(가령, 부패한 조세제도를 통한 착취 등)를 막는 것은 경제발전에 중요한 요인으로 작용하게 된다. 반면에 국가가 적극적으로 개입하여 경제발전을 추구하는 것은, 국가가 경제행위에 필요한 도량형의 통일, 도로 및 철도의 건설, 항만의 개설과 같은 사회기반시설(social infrastructure)을 제공함을 의미한다. 이러한 맥락에서 볼 때, 당시 개신유학자들이 『황성신문』을 통해 요청한 경제발전에 대한 국가의 태도는 대체로 이 두 가지를 모두 만족시키는 것이었다. 결국, 이들은 경제적 근대화를 위해 중요한 요소로 지적되는 '국가의 역할'을 새롭게 정립함으로써 이전과는 다른 경제체제의 수립에 적극적인 모습을 보여주었고, 이는 이들이 추구한 개혁의 근대성을 보여주는 것이다.

『황성신문』에 나타난 상공업의 발전방안은 『독립신문』의 생각과 크게 다르지 않다. 상공업 진흥을 위한 교육의 필요성을 강조한 것이나 산업진흥을 위한 사회기반시설의 제공에 있어 국가가 적극적인 역할을 수행해야 한다는 입장은 『독립신문』에서도 확인된다. 가령, 『독립신문』(1899년 5월 15일 논설)은 상업학교와 더불어 정부에서 권상장(勸商場)을 만들어 상업에 대한 교육과 권업을 실행하는 것이 바람직하다고 주장했으며, 또한 도로와 철도의 건설, 도량형의 통일 등이 산업진흥을 위해 필수적으로 요청됨을 강조하였다. 그러나 『독립신문』(1897년 6월 12일 논설)은 한걸음 더 나아가 일반인에게 회사에 대한 투자를 권유하면서 이를 통해 백성들이 잘 먹고살 수 있으며 동시에 자본금을 낸 사람들은 큰 이익을 누리게 될 것이라고 제안함으로써 자본주의적 개혁의 한 단편을 보여주고 있다. 이런 점에서 『독립신문』

이 『황성신문』보다는 더 근대적인 개혁방안을 강구한 것으로 평가할 수 있다.

전통으로부터의 탈피와 그 한계

개신유학자들은 지금까지 제시한 근대적 변화의 방안 외에도 다양한 개혁방안을 고안해냈다. 군주의 개인적 의지에 따라 국가가 운영되는 전통적인 방식으로부터 법률의 제정을 통한 법치체제의 확립으로 전환되어야 함을 주장한 것은 이들이 보여준 또다른 근대성의 모습이었다. 이들이 수장한 입헌은 군주의 임의적이고 자의적인 판단에 따라 정치가 이루어지는 것이 아니라 미리 설정된 법규와 규칙에 따라 정치가 운영되어야 함을 의미한다. 막스 베버(Weber 1978, 3장)가 강조하듯이, 이는 현대정치의 특징 가운데 하나인 '규칙에 따른 통치'(rule by rules)를 세우려는 근대적 개혁의 하나로 이해될 수 있다. 규칙이나 법률의 제정과 적용은 군주라는 개인의 의지가 지배의 근원이 되는 정치체제로부터 '형식적 법'(formal law)이 지배하는 근대적 사회로의 변화를 의미한다.

당시의 개신유학자들이 법률에 의한 지배를 선호하게 된 데는 일본의 근대화 경험이 긍정적으로 작용하고 있었다. 명치유신 이후 일본이 입헌군주제를 채택하면서 급속하게 근대화를 이룩하고 제국주의 대열에 오르게 된 것은 이들에게 충격이자 동시에 배워야 할 근대화의 모범이 되었다. 이들은 청이나 러시아와 비교하여 일본이 가지는 우월성을 입헌군주제에서 비롯되는 것으로 인식했으며(『황성신문』 1898년 9월 17일 논설), 이를 통해 군민동체(君民同體)가 가능하고 상하일치(上下一致)가 이루어짐으로써 국가의 힘이 강해진 것으로 인식했다. 이러한 태도는 중국의 자강운동에 나타난 견해와 유사성을 가진다. 특히 왕타오(王韜)나 정꽌잉(鄭觀應) 등이 영국 부국강병의 원인을 의회제도에서 찾으면서 의회제도가 통치자와 피통치자 사이의 일치를 가져올 수 있음에 주목한 것(Grieder 1981, 103~106면)과 매우 비슷하다.

또한 당시 국가가 맞이한 위기의 중요한 부분이 재정적 위기였던 만큼 개신유학자들은 국가의 재정구조를 건전하게 만드는 것에도 관심을 가졌다. 당시 국가재정은 예비비가 거의 없을 정도로 빠듯한 상태였기 때문에 이를 해결하는 것이 시급한 문제였는데, 개신유학자들이 제시한 재정위기 해결책은 주로 정부예산 가운데 불필요한 부분을 감축해 재정정리를 실시하는 것이었다. 정부기관의 통폐합, 불필요한 관리의 정리, 지방관으로부터 공전 상납 독려 등을 통해 국가의 재정을 튼튼히하자는 주장이 제기되기도 했다. 또한 정부예산의 절반 가까이 되는 군사비를 줄여 재원을 확보하자는 생각도 제시되었다(『황성신문』 1901년 12월 25일 논설). 동시에 재정위기의 한 근원이 불투명한 재정운영에 있는 것으로 파악하여 국가예산을 공개함으로써 투명성을 확보하고 국가운영에 대한 신뢰구축을 촉구하기도 했다. 이 주장은 『독립신문』(1897년 1월 12일 논설)에서 재정운영의 효율성을 높이기 위해 예산공개의 필요성을 제안한 것과 동일한 맥락에서 이해될 수 있다.

148

물론 이러한 방안들이 어느정도 근대적 개혁의 측면을 지니고는 있었지만, 적극적으로 세원을 확대하여 재정을 확충함으로써 근대적 개혁을 활성화하려는 것과는 거리가 있으며 정부의 지출규모를 줄임으로써 재정위기를 극복하려는 소극적 대안에 그치고 있다. 또한 정부가 스스로 기구나 관직을 정리하는 것은 현실적으로 기대하기 힘든 데다, 러일전쟁의 기운 속에서 군대를 감축하고 군사비를 절약하는 것도 결코 실현 가능하거나 바람직한 방안은 아니었다. 그런 점에서 개신유학자들이 생각한 근대적 개혁을 위한 자원동원의 전략은 분명히 현실적 한계를 드러내었다. 특히 중요한 의미를 가지는 것은 국가재정을 획기적으로 확대할 수 있는 양전사업이었는데, 이에 대해 개신유학자들은 대체로 무관심했다. 『황성신문』에서 양전사업에 대한 사실보도는 수시로 있었지만 양전사업의 의미를 긍정적으로 평가하거나 필요성을 전파하려는 시도는 거의 나타나지 않았다.[55]

이런 점에서 개신유학자들이 계획했던 근대의 프로젝트는 이들이 보여준 불철저한 근대성이 아니라 다른 측면에서 한계를 드러내고 있다. 지금까지 살펴본 것과 같이 개신유학자들은 전통적 기반을 완전히 포기하지는 않았지만 이를 새롭게 함으로써 국가의 위기를 극복하려는 적극적 의지를 보여주었다. 이들이 스스로를 새롭게 하는 방식은 서양의 문물과 제도를 도입하는 것이었다. 그렇다고 해서 이들이 유교의 이상을 완전히 포기하거나 전통적인 국가의 모습을 완전히 바

---

55) 양전사업에 관한 논설은 거의 취급되지 않고 있는데, 예외적인 경우는 양전사업이 1차 중단된 시점에 발간된 논설이다. 『황성신문』(1901년 12월 3일 논설) 참조.

꾸는 급진적 개혁을 꿈꾸었던 것은 아니다. 반대로 유학자들이 국가적 위기를 맞아 반드시 옛것에만 집착하여 새로운 것을 무조건 배척할 이유도 전혀 없었다. 개신유학자들이 근대적 변혁을 추구한 주된 논거의 하나인 수시변통의 입장에서 보면, 유교의 본질을 새롭게 인식하는 것이 반드시 서구의 학문과 제도를 수용하는 것과 그리 어긋나지 않았다.

개신유학자들이 제안한 개혁의 방안은 많은 점에서 독립협회를 포함한 문명개화파의 생각과 유사한 측면이 있다. 개혁의 필요성에 대한 인식이나 교육과 인재개발의 중요성, 식산흥업의 방안, 그리고 왕권을 중심으로 하는 입헌군주제를 통한 법치체제의 형성 등에 있어서 이들의 생각은 상당한 정도로 접근하고 있다. 실제로 개신유학자들의 주된 언론이었던 『황성신문』을 주도한 남궁억, 나수연, 유근 등이 독립협회의 간부로 활약했으며, 갑오개혁 이후 1890년대 후반에 이르면 개화의 거대한 조류에 동참한 대부분의 개혁세력의 생각이 상당한 정도로 동질화되어갔다는 점에서 이들 사이의 유사성은 어느정도 예견된다. 따라서 19세기 후반 개신유학자들이 제안한 근대적 개혁의 프로젝트는 이들이 유교적 기반을 버리지 않는 한에서는 최대한 개혁적이었으며 근대적이었던 것으로 이해될 수 있다.

오히려 보다 심각한 문제는 이들의 제한된 급진성이 아니라 개혁을 위한 재원의 확보와 이를 달성하기 위한 수단인 재정의 근대화에 대해 이들이 상대적으로 무관심했다는 사실이다. 어떤 국가적 근대화의 프로젝트도 효과적인 자원동원 없이는 성공할 수 없다는 관점에서 보면 국가의 재정을 획기적으로 개선할 수 있는 양전·지계사업에 대한 이들의 무관심은 결정적인 한계로 부각된다. 물론 이들이 백동화 남발에 따른 재정문란을 지적하고 이를 시정하도록 요청한 것은 국가 재정의 건전화를 위한 중요한 제안이 될 수 있다. 그러나 이들은 재정적 수요의 축소나 재정정리를 넘어서는 더 적극적인 개혁자원 확보방안에 있어서는 실현 가능성이 크지 않은 대책을 제시하고 있다. 이런 측면에서 볼 때, 이들의 생각에서 긍정적인 평가를 받을 수 있는 부분은 상공업 진흥에 따른 새로운 세원의 개발이지만, 이들은 그 이상으로 나아가지 못하는 한계를 동시에 지니고 있었다. 이것은 이들이 근대적 개혁을 추진하는 데 필요한 엄청난 비용의 마련에 대해서는 적절한 대안을 마련하지 못했음을 의미한다.

제3부
근대적 자본과 식민의 길

제7장

쌀이 돈이 되고 돈이 힘이 되다

농업의 상업화와 지주의 자본축적

전통적 농업사회를 근본적으로 변화시킬 수 있는 충격은 어디서 오는가? 지금까지 이루어진 많은 연구에서 제시된 이 문제에 대한 답은 어느정도 일치된다. 자본주의 이행논쟁을 이끌었던 돕(Maurice Dobb)과 스위지(Paul Sweezy)는 물론이며 그 이후 전통적 농업사회의 근대화를 연구한 무어(Moore 1966), 울프(Wolf 1969), 페이지(Paige 1975)의 연구에서 공통적으로 지적하고 있는 변화의 요인은 농업의 상업화이다. 농업의 상업화는 시장경제의 기제를 통한 부의 축적을 가능하게 하여 농업자본주의의 형성을 가져왔다. 전통적 농업사회에서 부의 축적은 흔히 정치적 권력에 의존하여 이루어졌고 따라서 정치와 경제가 융합되어 있는 체제가 유지되었다는 점에서 보면 이러한 변화는 전통적 농업사회를 급진적으로 변화시키는 힘으로 작용했다.

농업분야에서 시장경제의 도입은 이를 통해 부를 축적하는 농업자본
가의 형성을 가져왔으며, 이들은 상업과 산업 분야로 진출함으로써
근대적 부르주아지로 전환되었다. 부르주아지는 시장경제의 완전한
도입을 위해 정치의 개입과 간섭으로부터 자유로운 시장경제를 제도
화하려고 했으며 이는 곧 정치와 경제를 분리시키는 혁명적 변화를
가져왔다. 이것이 바로 부르주아혁명으로 불린 근대화의 한 경로였다.
영국과 미국, 프랑스의 역사적 경험에 비추어보면, 부르주아혁명에 의
한 근대화는 정치적으로는 민주주의, 경제적으로는 자본주의체제를
확립시킨 '모범적' 근대성으로 간주된다.

이러한 이론적·경험적 입장에 근거하여 이 장에서는 19세기 후반
과 20세기 초반 조선에서 일어난 원거리 무역에 의한 농업의 상업화
와 계급구조의 변화를 살펴보려고 한다. 보다 구체적으로, 개항기에
진행된 곡물 수출이라는 '외적 요인에 의한 농업의 상업화'가 농업사
회의 계급구조에 어떤 영향을 주었으며, 각 계급들은 농업의 상업화
라는 새로운 경제적 계기에 어떻게 대응함으로써 사회구조를 변화시
키려고 했는가를 검토하려고 한다. 이어서 다음 장에서는 이 과정을
통해 부를 축적한 일부 지주와 부농이 부르주아지로 전환되어 전통적
인 조선사회를 새로운 근대적 사회로 전환시킬 수 있는 가능성은 있
었는지를 분석하려고 한다.[56]

---

56) 농업의 상업화와 지주제에 관한 이 장의 분석은 김동노(1996)의 내용을 수정·
　보완한 것이다.

농업의 상업화와 시장경제의 확산

조선 농업사회의 특징을 규정하는 것은 쉬운 일이 아니다. 특히 두 대립되는 의견이 맞서고 있는 상황에서 전통적 농업사회를 단순화하여 규정하는 것은 상당한 무리를 수반하게 된다. 김용섭(1970)의 고전적 연구로부터 시작된 내재적 발전론에서는 농민층의 내부분화와 경영형 부농의 존재를 강조하면서 조선 내부에서 농업자본주의로 발전할 수 있는 가능성, 즉 자본주의 맹아론(萌芽論)을 주장한다. 이에 대해 이영훈(1988)은 조선후기의 지주제가 영세균등화되어 있었으며 경영형 부농의 존재를 확인하기도 어렵다는 반론을 제기했는데, 이 입장을 이어받은 일련의 연구들이 최근 주목을 받고 있다. 이들은 19세기 조선의 전반적인 경제위기를 주장하는데, 18세기의 경제적 안정과는 대조적으로 19세기 들어 위기가 본격화하여 인구의 감소, 생활수준의 악화, 토지생산성의 하락, 장시(場市)의 감소, 물가상승 등이 결국 체제붕괴의 상황으로 이어졌고 조선은 스스로 무너져내리고 있었음을 제시한다(이영훈 2004).[57] 이들은 이러한 위기에 대한 돌파구를 조선의 개항 이후 맞게 된 바깥으로부터의 충격과 조선의 식민화에서 찾고 있다.

실증적 자료에 기반한 이 주장이 가진 설득력에도 불구하고 여전히 반론도 만만치 않다. 최윤오(2006)는 내재적 발전론의 입장에서 농민

---

57) 이외에도 안병직·이영훈 편저(2001)와 이영훈 편(2004)에 실린 여러 글들이 몇 가지 차이점에도 불구하고 이와 비슷한 입장을 보여준다.

층 분해를 입증하는 연구결과를 보여주면서 경영형 부농의 존재를 다시 확인시켜주었는데, 그의 연구에서는 경영형 부농과 함께 경영지주, 부재지주 등이 유통경제에 적극 참여하는 모습을 확인할 수 있다. 이 연구결과는 지주의 영세균등화와 19세기 조선경제의 위기 및 붕괴와는 분명 대립되는 상황을 보여준다. 더불어 이영훈 등이 제시한 통계적 자료의 신빙성과 통계자료 추론의 타당성에 대한 문제제기(이헌창 2004; 우대형 2008)가 나타나면서 조선 농업사회를 규정하는 문제는 더욱 심층적인 연구와 해석을 필요로 하게 되었다.[58] 그럼에도 불구하고 개항을 맞아 농업의 상업화가 대규모로 진행되면서 조선의 전통적 농업경제가 근본적인 변화를 겪게 되었다는 사실은 보다 분명하다.

다른 농업사회와 마찬가지로 조선의 전통사회도 농업의 상업화로 인해 사회변화의 결정적 계기를 맞게 되었다. 조선시대 중기 이후로 상업화된 농업이 내재적으로 꾸준히 진행되어 18세기 초반까지 분산 고립된 형태로 기능하던 장시가 1730~40년대 들면서 급격히 발전하였다(한상권 1981, 191면). 장시의 양적인 증가와 함께 장시들 사이의 상호연계도 만들어졌는데, 18세기 후반에는 전국에 1,000여개의 장시가 개설되기도 했다. 당시 상품화된 작물로는 주곡은 물론이며 담배, 인삼, 면화와 면포, 채소 등이 있었다(전석담 외 1989, 3장; 이영학 1990).[59]

---

58) 조선의 전통적 농업경제에 나타난 특징을 사회적 요인이 아닌 자연적 요인의 결과로 풀이하려는 흥미로운 시도도 최근에 나타나고 있다. 특히 우대형(2008)은 농업경제에 미친 자연재해와 인구압력의 영향에 관심을 가지면서 이들 요인이 농업생산성의 발전에 우선하는 요인인 것으로 풀이하고 있다.

59) 당시 일어난 장시의 발달은 여러 요인으로 설명된다. 가장 고전적인 설명은 농업의 생산성 향상에 의해 장시가 발달했다는 것인데(김용섭 1970), 최근에는 인구압

18세기 후반 이후 질적인 변화 없이 유지되던 전통적 시장경제가 급격한 변화의 계기를 맞은 것은 개항 이후이다. 1876년 조선이 개항한 이후 원거리 시장으로 대외무역이 시작되고, 특히 쌀과 콩의 주곡이 수출을 통해 시장교역 상품으로 등장하면서 조선의 시장경제는 근본적으로 변화하기 시작했다.

1880년대 중반까지 일본은 조선과의 교역을 원활히 하기 위해 정치적·군사적 수단을 동원하여 관세의 면제, 일본화폐의 통용, 거류민에 대한 치외법권의 확보 등을 성취하였다. 그러나 무역의 주도적 형태가 서구 자본주의 국가에서 생산된 것을 조선에 재수출하는 중개무역이었기 때문에 이윤의 폭은 크지 않았고, 그것을 보충해쥬 것은 조선의 값싼 쌀과 콩의 수입이었다. 그러다 1890년대 들어 일본이 산업화를 시작하면서 이러한 무역형태는 변화했다. 일본은 자국의 농업 생산으로 감당할 수 없는 식품의 수요를 충족시키고 산업화의 추진을 위해서 식품류와 산업 원자재를 수입하였고, 자국에서 생산된 산업 완제품을 수출하기 시작했다(Beasley 1987, 126면). 시간이 경과할수록 조선의 무역구조가 일본의 필요에 의해서 조정되었던 만큼, 일본 산업구조의 변화는 곧 조선의 대외무역의 본질을 결정하게 되었다. 조선의 대일 수출은 일본의 도시 하층노동자의 식량수급을 위한 쌀과

력에 의한 장시발달을 주장하는 연구도 제시되었다(우대형 2003). 이외에도 장시의 발달이 국가의 재정운영과 관련되어 있다는 주장도 있다. 가령, 이헌창(1999, 70면)은 세금징수가 쌀과 면 중심으로 이루어지고 관리의 녹봉은 미곡으로 주어졌기 때문에, 생산자는 세금을 납부하기 위해 농산품을 상품화했으며 관리는 지급받은 미곡을 시장에 판매하여 소비물자를 조달했다고 주장했다.

콩, 그리고 일본 방직공업의 원재료인 면화로 집중되었고, 대일 수입은 훨씬 다양한 종류를 포함하였지만 궁극적으로는 일본의 면방직품에 의해 주도되어 조일(朝日)교역이 미면(米綿) 교환체계의 특징을 갖게 되었다. 일본과의 무역이 활성화된 1894년 이후 일본으로의 수출품에서 쌀과 콩이 차지하는 비율은 대체로 70% 정도였고, 극단적인 경우 80%에 이르기도 했다. 반면에 일본으로부터의 수입품에서 차지하는 면제품의 비율은 대체로 50% 정도에 이르다 시간이 지날수록 그 비율이 감소하였다. 특히 1903년 이후에는 30% 이하로 떨어져 수입품의 다변화가 이루어졌음을 보여준다. 이는 수출품의 단순화와는 좋은 대조를 이루고 있는데, 제국과 식민 사이에 일어나는 제국주의적 교역의 전형적인 예에 해당된다.

이 시기에 진행된 농업의 상업화는 곡물의 대외수출에 기인한 것인 만큼 외부로부터 유발되었고, 따라서 농업의 상업화가 조선에 미친 영향에는 농업의 상업화가 전통사회에 미치는 일반적 영향력 외에도 이 상업화가 '외부'에서 유발되었다는 특수한 측면도 함께 뒤섞여 있었다. 농업의 상업화가 외부에서 유발된 것에 따른 영향은 다음 장에서 논의하기로 하고, 이 장에서는 상업화가 가진 일반적 영향에 관해 검토하기로 한다. 농업의 상업화가 전통적 농업사회에 미치는 가장 일반적인 영향력은 정체된 농업사회에 변화의 활력을 제공한다는 것이다. 농업의 상업화는 생산된 농산품이 원거리 시장에서 판매됨으로써 지주나 농민들에게 생산에 대한 새로운 의미를 부여한다는 긍정적 요인을 지닌다. 상업화된 농업에서 농민들은 자신이 소비하기 위한 사용가치의 충족이 아니라 시장에서의 교환을 통해 경제적 이윤을 축적할 수 있는 기회를 갖게 되었다. 새로운 경제적 기회를 맞이하여 농민들은 이전에 경작되지 않던 황무지를 개간하거나, 기존의 경작지에 더욱 많은 노동력을 투하하여 경작을 강화함으로써 부의 축적을 시도할 수 있었다.

곡물의 수출이라는 농업의 상업화가 가져온 또다른 충격은 전반적인 물가의 상승이다.[60] 이미 5장에서 이 시기의 일반적인 물가상승에 관해 살펴보았는데, 몇몇 단편적인 자료는 이보다 훨씬 더 심한 물가상승을 입증하고 있다. 특히 개항장에서 곡가의 시세에 관한 자료(木村光彦·浦長瀨隆 1987)나 몇몇 농촌지역에서의 사례연구에 나타난 결과에 의하면, 당시 조선은 엄청난 물가상승을 경험한 것으로 추정된다. 가령, 심봉섭(1992, 26면)의 연구에 의하면 인천 부근지역에서 곡가가 1871년부터 1890년 사이에 다섯 배나 상승했다.[61] 이러한 엄청난 곡가의 상승은 지주나 농민으로 하여금 농업의 상업화에 적극적으로 대응하여 토지소유권을 확대시키는 동기를 부여했다. 더구나 갑오개혁을 통해 조세의 금납화가 도입됨으로써 대부분의 농민들은 조세의 납부를 위해서라도 농업의 상업화에 참여할 수밖에 없었기 때문에 농업의 상업화는 어느정도 강제화된 요소도 갖고 있었다.

---

60) 시장경제의 도입은 새로운 수요의 창출과 함께 경제적 거래와 화폐유통의 총량 (volume)을 증가시켰을 뿐만 아니라 그 밀도(density)도 동시에 강화시켰는데, 일반적으로 이 두 요소는 물가상승의 요인으로 작용하게 된다(Goldstone 1984).
61) 농촌지역에서 나타난 엄청난 곡가의 상승에도 불구하고 외국무역에 종사한 상인은 상당한 부를 축적하였다. 그 이유는 1900년대의 자료에 따르면 조선의 곡가는 여전히 일본의 80% 수준에 지나지 않았기 때문이다(김준보 1972; 中澤辨次郎 1933).

그러나 농업의 상업화가 가지는 이러한 영향력이 모든 계급에게
동일하게 적용될 수 있는 것은 결코 아니다. 일부에게는 이 상업화가
부의 축적을 위한 새로운 기회였던 반면, 다른 일부에게는 더 큰 경제
적 고통의 근원이었다. 왜 이러한 경제적 불균형이 나타나는가를 이
해하기 위해서는 농업의 상업화에 여러 계급들이 어떻게 대응했으며,
또한 농업의 상업화는 계급구조에 어떠한 차별적 영향력을 미치고 있
었는가를 살펴볼 필요가 있다.

농업의 상업화와 계급의 차별적 대응

시장경제의 도입으로 인한 새로운 경제적 동기부여와 함께 조세가
금납화되면서 한말의 지주와 농민들은 농업의 상업화를 필연적으로
추구하게 되었다. 그러나 이 과정에 참여하는 다양한 계급의 구성원
들은 서로 다른 상업화의 동기(motives)와 역량(capacity)을 지니고 있
었다. 전통사회의 지배계급들은 당연히 새로운 경제적 기회에 적극
대응하여 부의 축적을 시도했다. 다른 농업사회와는 달리 조선에서
나타난 상업화의 두드러진 특징 가운데 하나는 정치적 집단, 특히 지
방관리들이 농업의 상업화에 깊이 개입했다는 것이다. 이들은 자신들
의 정치적 권력을 이용하여 세곡(稅穀)을 불법적으로 상업화하기도
했고, 방곡령을 통한 곡가 조정을 이용해 상당한 이득을 취하기도 했
다. 즉, 이들은 방곡령을 내려 곡가가 내려가면 미곡을 싼값에 수집한
후 방곡령을 해제하여 곡가가 올라가면 이를 되파는 방법으로 이익을

극대화했고, 때로는 세금으로 거두어들인 곡물을 불법적 방법으로 상업화하기도 했다. 이렇게 얻어진 이익은 다시 토지소유권 확대를 위해 투자되었고, 그 반대급부로 국가의 재정은 취약해지고 농민경제는 심각한 피폐상태로 빠지게 되었다. 이들과 마찬가지로 새로운 시장경제의 기회를 적절히 인식하고 있었던 일부 지주들도 생산물의 증대와 집적을 적극 시도했고, 실제로 대부분의 상업화된 곡물은 이들로부터 나왔다. 농민들 중에는 생계유지 수준 이상의 토지를 차지(借地) 경영한 일부 부농층이 농업의 상업화에 보다 적극적으로 참여했다.[62]

경제적 이윤의 창출을 위해 농업을 상업화한 위의 세 부류와는 달리 빈농들은 전혀 다른 상업화의 동기를 가지고 있었다. 이들은 세금의 납부와 새롭게 노입된 시장경제에서 생필품의 구입을 위해 생산물을 상업화하지 않을 수 없었던 만큼 '강제화된 상업화'를 경험하였다. 지주들이 더 많은 이윤을 위해 소작인으로부터 잉여의 전이를 강화해 갈 때 이들은 경작할 수 있는 토지의 임대조차 쉽지 않았기 때문에 생계의 위협을 받고 있었다. 따라서 농업의 상업화에 있어서 이들의 참여는 제한적이었고, 이들은 수혜자라기보다는 희생자였다. 이런 이유로 인해 이들은 동학농민운동에서 표출되었듯이, 농업의 상업화 즉 미곡 수출에 대해 강력하게 반대하는 입장을 보였다.

농업의 상업화가 계급별로 차별적 영향력이 있음을 더 직접적으로

---

62) 이들은 대체로 자신이 소유한 토지규모보다 큰 규모의 토지를 임대하여 경작하였다. 이것이 정확히 어느 정도 규모였는지는 알기 힘들지만 1913년의 자료에 의하면 1정보 이상의 토지를 소유한 농가호수의 비율(22.5%)과 같은 규모의 토지를 경작한 호수의 비율(37.5%) 사이에는 상당한 차이가 있었다(宮嶋博史 1983a, 230면).

보여주는 것은 이들이 지닌 상업화의 역량이다. 자료의 제한으로 인해 실제로 각 계급이 정확히 어느 정도로 생산물을 상업화했는지는 알 수 없다. 단지 총생산량에서 필요한 소비량을 뺀 것으로부터 각 계급의 상업화 역량을 짐작해볼 수 있는데, 그 정도를 나타내는 상업화 가능 잉여지수(index of marketable surplus)는 다음 식으로 표현된다.[63]

$$M = [(p-c) \div p] \times 100$$

* p = 총생산량, c = 총소비량의 추정치

1910년의 농가 45호를 대상으로 한 이헌창(1990, 346면)의 연구에 의하면, 계급들 사이에 존재하는 상품화 잉여지수의 차이를 분명히 확인할 수 있다. 지주들은 자기 소유분의 60% 정도를 상품화했고, 부농은 40% 정도, 그리고 빈농은 20% 정도를 상품화했다.[64] 이와 마찬가지로 상품화 잉여를 생산해내는 역량에서도 계급들 사이에 상당한 차이가 있었다. 인구구성상 2%를 차지한 지주가 전체 상품화 잉여치의 26%를 차지했고, 4%의 부농이 17%, 그리고 94%의 빈농은 57%를 담당했다. 이러한 자료들은 각 계급이 농업의 상업화에 참여하여 부를 축적할 수 있는 역량에서 상당한 차이가 있음을 입증해준다.

---

63) 이 개념과 계산식의 산출에 관해서는 Bateman(1978) 참조.
64) 다른 자료에서도 비슷한 경향을 찾아볼 수 있다. 1910년 전후 경상북도의 한 자료에서는 지주자작(대부분의 농지를 소작 주면서 일부는 자작하는 지주)은 쌀 생산량의 72%를, 자작지주(대부분의 농지를 자작하면서 일부를 소작 주는 지주)는 59%를, 자소작 상농은 42%를 상품화한 반면, 빈농은 오히려 -5% 정도의 상품화지수를 보여주어 생존을 위해 쌀을 구입해야 했음을 확인할 수 있다(宮嶋博史 1983a, 240면).

농업의 상업화에서 계급의 차별성이 뚜렷하게 부각되는 다른 요소는 상업화된 작물의 종류이다. 보다 많은 이윤을 남길 수 있고 상업화가 쉬웠던 쌀은 지주나 부농에 의해 주로 상업화된 반면, 빈농들은 대체로 콩의 상업화에 기여했다. 1석(石)을 기준으로 할 때 당시 콩의 수출가는 일반적으로 미가의 50~60%에 불과했다(木村光彦·浦長瀨隆 1987, 620~33면). 미작이 더 큰 이윤을 가져올 수 있었음에도 불구하고 빈농들은 수전(水田)농업을 위한 자본이 불충분하였기 때문에 콩의 경작에 묶여 있을 수밖에 없었다. 농업의 상업화가 본격화되자 빈농들은 이전에는 경작되지 않았던 척박한 땅이나 논두렁에 콩을 경작하였고, 이 경우에는 조세와 지대를 면제받는 이점이 있었다. 이렇게 생산된 콩은 미작에서 거둔 불충분한 수입을 보충하는 훌륭한 수단이 되었기 때문에 빈농들에 의해서 적극적으로 상업화되었다. 그 결과, 콩의 전체 생산량은 쌀의 10% 정도에 불과했지만 수출량은 거의 쌀과 대등하였다(宮嶋博史 1983b, 270면). 결국 상업화에서 나타난 작물 경작의 계급적 기반을 보면, 쌀은 주로 지주와 부농에 의해 위로부터의 상업화가, 그리고 콩은 빈농에 의해 밑으로부터의 상업화가 이루어진 것으로 요약된다.[65]

그렇다면 농업의 상업화에서 이러한 계급적 차별성이 나타난 이유는 무엇인가? 또 이전에 존재했던 농민층 내의 미미한 분화가 이렇게 심화된 까닭은 무엇인가? 이 문제에 적절히 답하기 위해서는 농업의

---

65) 이러한 계급적 구분과 함께 지역적 분화도 동시에 존재했는데, 북쪽 산악지역은 대체로 상업화된 농업의 진전이 더디었고, 남쪽지역 안에서도 콩은 경상도 지역에서 보다 활발하게, 쌀은 전라도 지역에서 보다 활발하게 상업화되었다.

상업화라는 새로운 경제적 계기에 각 계급들이 어떤 식으로 대응했는지를 살펴보아야 한다. 우선, 새로운 부의 축적 기회를 맞이한 지주가 사용한 가장 주된 대책은 농민에 대한 통제력의 강화였는데, 그 구체적 방법은 상당히 다양하다. 가장 먼저 지주들은 소작료를 인상했다. 지주와 소작인이 소득을 절반씩 나누어 가지는 병작반수제의 소작료는 이미 높은 수준에 이르렀던 만큼 대체로 그대로 유지되었지만, 주로 생산량의 1/4 내지 1/3 정도를 소작료로 지불했던 정액(定額)지대인 도지제(賭地制)에서는 소작료가 인상되었다. 때로는 정액지대인 도지제를 정률(定率)지대인 병작제로 바꾸기도 했고, 지주가 부담할 지세를 소작인에게 전가함으로써 농민의 부담을 가중시킨 경우도 있었다.

일부 지주는 소작료의 형태를 화폐에서 현물로 바꾸기도 했다. 관례적으로 현물지대는 정률제인 병작제에서 널리 퍼져 있었고, 현금지대는 정액제인 도지제에서 어느정도 통용되었다. 그러나 곡가가 엄청나게 상승하자 현물지대의 이점을 인식한 일부 지주는 현금납을 현물납으로 바꾸어 더 많은 이익을 추구했다. 같은 맥락에서, 이들은 지세를 소작인으로부터 현물로 거둔 후 정부에는 현금으로 대납함으로써 곡가상승에 의한 시세차익을 거두기도 했다(『황성신문』 1900년 2월 23일). 이와같이 지주가 작인에게 현금지대에서 현물지대로, 도지제에서 병작제로 소작의 형태를 바꾼 것은 농민층 내부에서 경영형 부농이 성장하여 자본가로 바뀌는 서구의 고전적 경제발전 모델과는 상당히 다른 모습이라고 할 수 있다.

지주가 소작인에 대한 통제를 강화하기 위해 사용한 또다른 방법은 작인을 선정하는 기준에 인간적인 고려를 배제하고 지대 지불능력이라는 경제적 원칙을 엄격히 적용하는 것이다. 이 원칙에 따라 이들은 빈농보다는 부농을 소작인으로 선호하였고, 작인의 교체도 이전보다 빈번해졌다. 농민의 착취와 농업의 상업화에 편승하여 어느정도 부를 축적한 지주들은 농민들에게 금전적 통제의 방법을 사용하기도 했다. 가장 널리 쓰인 방법은 빈농에게 고리대를 주는 것이었다. 공식적인 금융기관의 발달이 미약했기 때문에 세금의 납부나 다른 생필품의 구입을 위해 현금이 절실히 필요한 경우 농민들은 지주로부터의 대부에 기댈 수밖에 없었다. 농민들이 고리대로 빌린 돈을 갚지 못하면 지주들은 농민의 소유물, 특히 토지를 몰수했다. 이러한 방법은 지주들이 부를 확대하는 데 있어서 소작료를 인상하는 것보다 훨씬 더 효과적이었다. 금융시장이 생산의 요소시장(factor market)과 상호 결합되어 있는 농업사회에서는 농민들이 지주로부터 자금을 대부받게 되면 이의 변제를 위해서 보다 많은 노동을 토지에 투하하는 노동통제의 효과도 있기 때문이다(Ellis 1988, 53면). 물론 고리대를 통한 농민의 토지소유권 약탈은 지주뿐만 아니라 곡물의 수출에 참여했던 상인들에 의해서도 행해졌다. 지주나 상인은 고리대를 통해 얻은 이익을 토지 구입에 투자함으로써 토지소유권을 확대해갔다.

이와같이 상업자본을 농업에 투자하는 경제적 행위는 전통적 농업사회의 근대화라는 관점에서 본다면 퇴행적 투자의 형태인데, 이를 유도한 중요한 사회적·경제적·정치적 이유가 있었다. 먼저 사회적으로 볼 때, 상인들은 전통적으로 상업보다는 훨씬 높은 위세가 보장되는 지주의 사회적 지위를 선호했던 것(홍성찬 1981, 81면)으로 이해된다. 정치적인 이유로는, 광무개혁의 토지조사에서 다른 소유권과는 달리 토지의 소유권은 국가의 공인하에 보호받게 된 사실에 주목할 필요가 있다.

경제적으로는 토지에 대한 투자가 상당히 높은 이익을 가져왔다는 점을 고려해야 한다. 물론 고리대에 재투자하는 것이 보다 높은 이윤을 가져올 수 있지만 엄청난 인플레이션이나 불완전한 변제 가능성 등을 고려하면 토지에 대한 투자는 안정적 재산증식을 위한 투자 다변화의 좋은 선택이 될 수 있었다. 또한 투자의 경제성이라는 면에서도 아주 높은 수익성을 기대할 수 있었다. 이는 지가와 토지 수익성을 비교해보면 쉽게 확인되는데, 이 시기 토지에 대한 투자는 1년 만에 토지가격의 30~40%에 이르는 등 상당한 수익을 가져왔다. 더구나 지가의 계속적인 상승은 지주와 부농에게 토지소유권 확대를 위한 좋은 동기부여가 되었는데, 실제로 1894년부터 1903년에 이르는 10년 동안 지가는 평균적으로 3배에서 4배 정도 상승한 것으로 나타났다.[66]

이 모든 것을 고려했을 때, 지주에 의한 토지소유권의 확대는 불가피했다. 실제로 농업의 상업화에 의한 새로운 경제적 기회가 주어졌을 때, 지주가 이를 최대한 활용하는 방안으로 선택한 것은 노동생산성을 높이는 방법, 즉 자본과 기술을 집중적으로 투하하는 심화(intensifica-tion)의 방법이 아니라 단순히 토지의 소유권을 확장(extensification)하여 총생산량을 늘리는 방법이었다.[67] 농업사회에서 생산요소 시장

---

66) 이 시기의 토지가격과 토지투자의 수익성에 관해서는 吉倉凡農(1904, 22~23면) 참조.

67) 이 두 가지 방법의 특징과 차이에 관해서는 Mann(1988b, 7면) 참조.

의 분석은 기본적으로 보다 많은 비용이 요구되는 요소를 보다 적게 사용할 것이라는 가정에 기반(Ellis 1988, 217면)하고 있는데, 당시의 경제적 상황은 노동생산성을 높이는 기술적 발전보다는 토지 생산성이나 토지 소유규모의 확대에 유리하도록 조건지어져 있었다. 노동력은 여전히 싼값에 구입할 수 있었고 개간할 수 있는 미개척지가 상당한 정도로 남아 있었다는 점에서 많은 비용이 소요되는 기술발전에 자본을 투자할 경제적 동기는 상대적으로 약했던 것이다.

지주의 토지소유권 확대에 맞서 농민층은 투쟁할 수밖에 없었는데, 특히 부농층은 자신들이 전통적으로 소유해왔던 차지권(借地權)을 지키려고 애썼다. 이 권한은 장기간의 토지전세권을 의미할 뿐만 아니라 보다 중요하게는 임대받은 토지를 다른 작인에게 다시 전세 줄 수 있는 이중소작관계의 권리를 포함했다. 두 권리 중 후자는 부농들이 더 많은 토지를 임대받아 재산을 증식하는 수단이었다는 점에서 중요한 의미가 있다.

이중소작권은 농민들이 법적으로 타인에게 속한 황무지를 개간하여 정액제인 도지제를 확보한 경우에 특히 널리 퍼져 있었다. 토지개간이 정치적·신분적 배경에 상관없이 허용된 17세기 이래로 개간에 필요한 노동력을 동원할 수 있는 충분한 자본과 의지를 가진 이들은 그 황무지가 타인의 소유물이더라도 개간할 수 있는 권리가 있었다 (이호철 1978, 290면). 임진왜란 이래로 재정적 기반이 취약해진 국가는 개간되는 경작지의 지세를 낮추어주면서까지 개간을 장려했다. 그러나 대부분의 기름진 토지는 이미 경작되고 있었기 때문에 개간은 주로 가뭄과 홍수의 피해를 자주 입는 척박한 땅에서 이루어졌고, 개간에 대한 대가로 이들은 영구적으로 그 토지를 경작할 수 있는 권한을 획득하였다(허종호 1989, 140면). 토지개간 이외에도 농민들은 일정한 액수의 소작료를 선납함으로써 장기간의 전세권을 확보하기도 했다.

이러한 경우 토지에는 두 종류의 재산권이 형성되었다. 하나는 원래의 토지소유주에게 부여된 소유권이며, 다른 하나는 개간자에게 부여된 토지의 전세권 혹은 경작권이었다. 후자의 권리는 지역에 따라 퇴도지(退賭地), 원도지(原賭地), 굴도지(轉賭地), 중도지(中賭地), 화리(禾利) 등의 다양한 이름으로 불렸다. 토지전세권 제도의 관례는 전세기간 동안——개간을 통한 영구기간이든, 소작료의 선납에 의한 한시적 기간이든——그 권리를 다른 소작인에게 양도하거나 자식에게 상속할 수 있었다. 토지소유권이 바뀌는 경우 전세권은 소유권 문서(文記 혹은 文卷)에 명시되었고, 토지의 가격은 원래의 가격에서 전세권의 가치를 뺀 값으로 결정되었다. 주로 정액제를 취한 토지전세권은 농민들에게는 매우 매력적이었던 만큼 그 가치는 점차 상승하여 때로는 원래의 토지가격보다도 높게 책정되는 경우도 있었다(度支部 1909, 84~86면). 토지 대차인의 권리가 이와같이 확고히 보장되었기 때문에 이들은 중답주(中畓主)로 불리게 되었다.

한 토지에 부여된 중첩된 권리는 필연적으로 갈등의 요인이 될 수밖에 없었다. 특히 농업의 상업화 이후 지주들이 소작의 형태를 정액제에서 정률제로 바꾸면서 전세권자의 권리를 부정하게 되자 대부분 부농이었던 중답주들은 관습적으로 확보된 경제적 이익을 침해받게 되었다. 소작형태의 변화와 함께 도지제에서의 소작률도 1/3 내지 1/4에서 병작반수제에 가까울 정도로 높아지자 농민들은 이중의 고통을 받게 되었다. 사전(私田)에 있어서 두 권리 사이의 갈등은 식민지 이후 조선총독부가 전세권을 부정하고 토지에 대한 지주의 독점적 소유권을 인정할 때까지는 비교적 심각하게 드러나지 않았다. 그러나 국가소유 토지의 중첩된 권리구조에 대한 국가의 대응은 보다 직접적이었다. 농업의 상업화로 토지의 경제성이 향상되자 국가는 효율적인 소유권 구조를 포기한 채 비효율적인 소유권 구조를 제도화시켰다.[68] 소유권의 분산과 경쟁을 추구하는 효율적 소유권은 조세를 징수하는 데 드는 거래비용이 높다는 점에서 정치적 지배자에게는 흔히 불리하게 작용한다. 반면 사회 전체의 경제발전에 저해가 되는 독점적 소유를 지향하는 비효율적 소유권 구조는 거래비용을 낮춤으로써 높은 조세 수입을 가져올 수 있다는 점에서 통치자 개인에게는 좀더 유리하다. 이런 관점에서 보면, 극심한 재정적 궁핍에 시달리는 국가는 대지주에게 독점적 소유권을 허용하고 중답주의 전세권을 부정하는 것이 더 현명한 선택이 될 수 있는데, 이런 결정이 직접 나타난 것은 국가가 지주의 위치에 있었던 공전(公田, 혹은 官田)에서였다.

갑오개혁 이전, 지방에 주둔하는 역(驛)과 둔(屯) 같은 정부기관이나 왕실은 자체의 비용을 충당하기 위한 토지를 운영하고 있었다. 그러나 갑오년 이래 국가는 공전에서 소작료를 계속 상승시킴으로써 소작인에 대하여 민간지주와 같은 방식의 통제를 행사하였다. 러일전쟁 발발 직전 국가는 공전의 운영방식을 근본적으로 바꾸었는데, 1904년에 시작하여 1909년에 완성된 이 변화의 핵심은 중답주의 권리를 배

----

68) 두 소유권 구조에 관해서는 North(1981, 28~29면) 참조.

제하는 것이었다. 국가소유 토지인 역둔토 조사에서 국가는 소작기간을 5년으로 제한하고 소작인이 소작조건을 충실히 이행할 때에만 이를 경신할 수 있게 했고, 토지의 경작권을 타인에게 임대할 수 있는 중답주의 권리는 인정하지 않도록 규정했다(朝鮮總督府 1911b, 부록 2).

역둔토 조사를 통해 이전에 면세전이었던 토지의 일부에 지세를 부과하고 중답주의 권리를 부정함으로써 재정수입을 늘리려는 국가의 의도는 어느정도 달성되었지만 이 정책은 지주로서의 국가와 농민(특히 부농) 사이에 심각한 분쟁을 불러왔다. 그러나 이 갈등은 애초부터 예상된 것이었다. 왜냐하면 일부 지주와 부농들이 과도한 세금 부담을 회피할 목적으로 자신의 토지를 정부기관 소유로 자발적으로 편입[投托]시킨 후에도 여전히 이를 자신의 것으로 생각하고 있었으며 국가도 또한 이들의 실제 소유권을 인정하여 중답주의 지위를 허용했었기 때문이다. 따라서 중답주권을 인정하지 않겠다는 것은 국가가 이들과의 갈등을 각오하고 재정의 중앙집중화를 시도한 것이라 할 수 있다. 중답주권을 몰수하는 대가로 국가는 토지의 일부를 원래의 소유주에게 반환하거나(이 조치는 1909년에 중단되었다), 생산량의 3년분을 중답주에게 보상해주기도 했다. 그렇지만 중답주권으로 얻을 수 있는 이익이 때로는 전체 생산량의 80%에 달하기도 했기 때문에(배영순 1980, 127면) 이 조치는 원소유주의 불만을 가라앉히기에 부족했다. 보상책에 대한 불만으로 분쟁이 계속되었는데 전체 국유지의 1/6에 해당되는 토지에서 3,132건의 소유권 분쟁이 일어났다(朝鮮總督府 1911b, 17~18면). 중답주의 강력한 저항에 부딪힌 국가는 정치적·행정적·사법적 권력을 총동원해서 이를 억압하였다.

빈농의 경제적 상황이 부농들보다 훨씬 더 열악했음은 긴 설명을 필요로 하지 않는다. 육체적·경제적 생존의 압박 속에서 이들은 한편으로 부농을 소작인으로 선택하려는 지주와 맞서야만 했고, 다른 한편으로 부농과는 (혹은 그들 사이에도) 토지를 빌리기 위해 심한 경쟁을 해야만 했다. 그 결과 빈농들은 경제적 몰락을 겪을 수밖에 없었고, 이 경향은 농업경영에서의 적자, 농민의 토지로부터의 분리와 그에 따른 소작인 수의 증가로 나타났다. 조선이 식민지가 될 당시 자작농민과 소작농민의 비율이 3:7 정도에 이르렀는데, 이는 일본과 비교하면 거의 3배에 달하는 수치이다(朝鮮總督府 1911a, 2／55면). 빈농들에게 있어서 생존을 위해 가장 급박한 것은 경작지를 구하는 것이었으며, 차지경쟁에서 뒤치진 농빈늘은 자연히 농업 임금노동자가 될 수밖에 없었다(朝鮮農會 1930, 8면). 이들 중 일부는 나중에 국유지의 소작인으로 되돌아올 수 있었지만 대부분은 그러한 행운조차도 없었다. 농촌지역을 떠난 노동력은 당시 초보적 형태로 발전되고 있던 도시와 광산지역의 산업영역에서 임금노동자로 고용되었다.

지주제의 변화

지금까지 개항과 함께 농업경제가 원거리 무역체제에 편입되면서 시작된 농업의 상업화에 대해 여러 계급들이 어떻게 대응했으며, 그 결과 계급들 사이의 차이와 계급의 내적 분화가 어떻게 일어났는지를 살펴보았다. 이러한 분석을 통해 분명하게 확인된 것은 농업의 상업화를 통해 지주의 위치가 더욱 공고해졌다는 사실이다. 그러나 이것이 곧 지주제 자체의 경직화를 의미하지는 않는다. 농업의 상업화 과정에서 모든 지주가 이익을 취했고 모든 농민이 고통을 받지는 않았다. 비교사적 관점에서 보면, 급진적인 농업의 상업화 과정은 어느 사회에서나 사회의 구성원리를 바꾸게 되고 그 과정에서 승자와 패자를 동시에 낳게 된다. 조선시대의 경우에도 이앙법과 다른 농업기술의 발달 등 몇가지 내적인 농업사회 발전요인이 있기는 했지만 대체로 상당히 안정된 구조를 유지해온 농업경제가 농업의 상업화와 함께 질적인 변화를 경험하게 되었다. 이러한 변화가 총체적으로 드러나는 것은 농업사회의 소유관계를 집약적으로 보여주는 지주제에서이다.

조선시대 사적 지주제가 언제 확립되었는가는 여전히 논란거리이다.[69] 사적 지주제의 기원을 언제로 잡는지에 상관없이 농업의 상업화와 함께 지주제에 일정한 변환이 일어난 것은 분명한데, 그 중심되는 요소는 계급구조의 재구성과 계급관계의 변화이다. 다양한 경로를 거쳐 새로운 형태의 지주가 형성되는 모습을 몇몇 사례연구를 통해 확인할 수 있다.

첫번째는 개항장인 인천 부근의 강화도에서 수세대 동안 살아온 김씨가(金氏家)의 경우이다(김용섭 1992, 54~75면). 이 집안은 곡물의 수출에 의한 농업의 상업화 이전에 약 470두락(斗落) 정도를 경작하였는데, 농업의 상업화 덕택에 상당한 부를 축적했다. 이 집안은 원래

---

69) 일부(가령, 김용섭 1970; 송찬식 1970)에서는 사적 지주제가 18세기 초반에 확립되었다고 주장하는 반면, 다른 일부(가령, 이영훈 1988)에서는 19세기 초반까지도 지주는 영세소농화되어 있었음을 주장한다.

양반 가계에 속했던 만큼 때로는 빈농의 토지를 몰수하는 등 정치적 수단을 사용하기도 했지만 대부분의 경우에는 상업화로 얻어진 이득을 토지소유권의 확장에 투자하는 방식의 순수한 경제적 방법을 사용했다. 1876년부터 1896년에 이르는 기간에 토지소유가 가장 급격히 늘어나 1896년에는 1,087두락(20년 사이에 2.3배 증가)에 이르러 최고조에 달하였다. 그사이 자식들의 상속으로 인한 재산분배가 이루어졌다는 사실을 고려하면 이같은 증가는 상당히 놀라운 것이다. 토지소유권 증가의 가장 주된 이유는 곡가의 급격한 상승이었는데, 이 기간 이 지역의 곡가는 5배 이상 인상되었고 대부분의 소작인을 빈농에서 부농으로 교체함으로써 원활하게 소작료를 징수할 수 있었다. 이 가계의 정치저 지위가 힘을 발휘했던 것은 예전과 같이 농민에 대한 통제력의 행사에서가 아니라 관직을 차지함으로써 국제적인 정치·경제 조건의 변화에 보다 익숙하고 적절하게 대처할 수 있었다는 측면에서 그러하다.

지주로 이르는 두번째 경로를 보여주는 사례는 개항장 목포의 배후지였던 나주지역에 살았던 이씨가(李氏家)의 경우이다(김용섭 1992, 129~55면). 이 가계는 경제적으로 빈농에 속하는 몰락양반이었다. 가계 기록에 나타난 1세대 조상인 이방헌(李邦憲)은 단지 4두락만을 소유하여 생계유지선 이하에 속했고 부족한 수입을 보충하기 위해 죽세공에 종사했다. 이 가계의 경제적 상태는 아들대에 이르러 차지(借地)를 위한 경쟁이 심해짐으로써 더욱 어려워졌다. 그러나 인근 목포지역에서 쌀과 면의 대외교역을 하면 엄청난 부를 쌓을 수 있는 기회를 잡을 수 있다는 것을 감지한 아들 이계선(李啓善)은 전통적 양반가문인 집안의 반대를 무릅쓰고 상업에 종사하게 되었고 곡물의 수출에 참여함으로써 거대한 부를 쌓게 되었다. 상업에서 거두어들인 부를 농업에 투자하여 토지소유권을 확대해갔고 결국 식민지 시대에는 약 500두락의 토지를 소유함으로서 지주로 성장하였다.

세번째의 경우는 고부에 살았던 전통적 유학자이며 호남지역 굴지의 명문 가계인 김씨가(金氏家)의 사례이다(김용섭 1992, 173~80면). 이 집안의 후손 중에는 김성수(金性洙)가 포함되어 있는데, 그의 3대조가 호남지역의 거대지주인 정씨가와 결혼하여 얼마간의 전답을 급여받기 전까지는 경제적으로 윤택한 가계가 아니었다. 김씨가가 거대지주로 등장하게 된 것은 김성수의 부친이 농업의 상업화에 좀더 유리한 줄포(茁浦)로 옮기고 나서이다. 이 지역에서 김씨가는 농업경영을 합리화하고 곡물의 수출에 적극적으로 참여함으로써 상업화의 기회를 적절히 이용했다. 이후 향상된 경제적 기반에 힘입어 이 가계의 후손들이 관계로 진출했고 이들의 정치적 배경은 다시 대지주로의 성장에 어느정도 도움을 주었다. 그러나 대지주 성장의 더 직접적이고 중요한 배경은 상업적 농업의 급격한 진전이라는 경제적 기회였다. 그결과, 이 가계는 김성수의 대에 이르러서는 두 아들이 각각 1,200석(石)을 산출할 수 있는 토지를 상속받았고, 1920년대에 이르러서는 가계의 재산이 2만석을 생산할 수 있을 정도로 커졌다.

지주의 지위를 획득하는 또다른 방법은 강화에 거주했던 평민지주 홍씨가(洪氏家)의 경우에서 찾을 수 있다(홍성찬 1981, 67~82면). 농업이 상업화되기 이전 이 가계의 토지소유 규모는 그다지 크지 않았다. 농업의 상업화 과정에서 이 가계가 부를 축적한 방법은 농업경영의 합리화가 아니라 곤궁에 처한 농민에게 연리 5할 이상의 고리대를 주는 것이었다. 기록에 의하면 19세기 초반 이 가계는 경제적으로 완전히 몰락한 상태였으나 19세기 중반 이후 임금노동이나 소작에 참여함으로써 부를 모으기 시작했다. 이렇게 모아진 일정액의 부를 고리대에 투자하여 부를 축적하고 이를 다시 고리대와 토지소유권에 나누어투자하게 되었다. 고리대로 부를 축적한 가계가 토지소유권에 투자를한 것은 농업의 상업화 이후 증대된 토지의 수익성에 따른 것이기도하지만 동시에 지주의 지위가 갖는 사회적 위세 때문이기도 했다. 궁극적으로는 향상된 경제력을 바탕으로 후손 중 일부는 지방정부의 관리로 등용되기도 했다.

지금까지 살펴본 네 가지 사례는 대지주로 이르는 다양한 경로를대표적으로 제시해주고 있다. 이전과 달리 이 가계들이 대지주의 위치를 차지하는 데는 정치적 지위가 결정적으로 중요한 요소가 아니었다. 이들은 모두 애초에 열등한 경제적 위치에서 출발하여 각각 농업의 합리적 경영(사례 1, 사례 3), 상업에의 종사(사례 2), 고리대를 통한약탈(사례 4), 소작인에 대한 통제 강화(모든 사례) 등과 같은 다양한 방법을 사용하여 대지주의 위치로 도약하였다. 이들은 공통적으로 농업의 상업화라는 새로운 경제적 기회가 갖는 의미를 적절하게 포착하여효과적으로 대응했는데, 이것이 바로 당시 계급의 상승 혹은 하강 이동에 가장 중요한 결정요소로 작용한 듯하다. 역으로 보자면, 새로이형성되는 경제적 기제에 무관심했거나 적절히 대응하지 못한 지주,특히 부재지주들은 전통적인 경제적 우월성을 점차 상실하게 되었다.한 연구(이영훈 1988, 472면)에 의하면, 어떤 촌락에서 농업의 상업화 이후 지주의 계급구성이 이전과는 전혀 달라져 완전히 반대로 된 경우도 있었다.

　종합적으로 볼 때, 농업의 상업화를 통해 지주의 경제적 지위는 더욱 굳건해지고 계급들 사이의 간격도 점차 멀어지는 형태로 계급구조가 고착되어갔는데, 그 구조 안에서 개인적인 계급이동의 가능성은 이들이 상업화의 기회를 어느 정도 적절히 이용했는가에 따라 상당히 열려 있었다. 또 지주제의 계급관계에서도 지주의 정치적·사회적 힘에 따른 경제외적 강제력에 의해서 잉여가 전이되던 방식에서 시장경제의 기제를 이용한 소작인의 통제와 부의 축적이라는 경제적 잉여전이의 방식으로 일정한 정도 바뀌게 되었다. 결국 종래의 전통적인 특권지주와는 구별되는 새로운 형태의 신흥지주가 이 시기에 중요한 지주의 형태로 자리잡아감을 알 수 있다. 19세기 들어 종래의 재지 특권지주나 부재지주와는 구별되는 부농 중심의 새로운 지주제가 형성되었는데(宮嶋博史 1983b, 321면),[70] 이 경향은 개항기의 새로운 지주제에 의해 한층 강화된 것으로 이해될 수 있다. 따라서 이 시기에 형성된 지주제의 특징을 전(前)자본주의의 요소와 자본주의의 요소가 혼재하는 과도기적 형태 혹은 두 경제체제의 요소가 혼합되어 있는 반(半)자본주의적인 것으로 규정할 수 있다. 지주와 소작인 사이의 계급관계에 촛점을 맞춘다면, 이는 정치적 힘에 의해서 잉여가 전이되던 정치적 지주제에서 경제적 수단이 보다 널리 그리고 주도적으로 사용

---

70) 지주제의 형태분류는 개항기는 물론이며 일제시대의 농업사회를 이해하는 데 있어서도 중요한 요인이 된다. 일제시대의 지주제 분류에 관해서는 久間健一(1943)과 장시원(1989), 그리고 홍성찬(1989) 참조.

178

되는 경제적 지주제로의 변화로 이해될 수 있다.

제8장

부르주아지 없는
부르주아 개혁?

개항과 함께 진행된 곡물의 수출은 이전의 조선사회에서 찾아볼 수 없었던 규모로 농업의 상업화를 진행시켰으며 이를 통해 부를 축적할 수 있는 기회를 제공해주었다. 실제로 이 기회를 적절히 활용함으로써 일부 지주와 부농은 상당한 정도로 농업자본을 축적할 수 있었다. 이들은 때로는 자신들의 정치적 권력을 부의 축적 수단으로 활용하기도 했지만 보다 많은 경우에 시장경제의 도입이라는 경제적 기제를 적절히 활용함으로써 새로운 경제적 지위를 확보해갔다. 이들은 정치적 권력과 경제적 부의 일치에 근거하고 있었던 이전의 전통적 지주제와는 다른 형태의 지주제를 발전시켜간 것이다. 이러한 과정은 자본주의 경제가 발전하는 고전적 경로의 한 부분을 보여주는 듯하다. 농업자본을 축적한 일부 신흥계급이 상업 및 산업 부르주아지로 전환하면서 정치와 경제의 융합에 근거하고 있던 전통적 질서를 파괴하는 혁명적 역할을 수행했고, 이를 통해 근대적 전환을 가져왔던 것이 영국을 포함한 자본주의적 근대화 경로를 경험한 국가들에서 나타난 현상이었다.

그렇다면 곡물의 수출을 통해 농업의 상업화를 추진하면서 농업자본을 축적할 수 있게 된 조선사회에서 서구와 같이 부르주아지가 주도하는 사회변화의 가능성은 어느 정도 존재했는가? 만약 그러한 가능성이 있었음에도 불구하고 실현되지 않았다면 그 실현을 가로막았던 요인은 무엇인가? 이러한 문제에 대한 검토를 통해 우리는 조선사회가 근대사회로 변화할 수 있는 새로운 가능성을 엿볼 수 있을 것이다. 그 가능성이란 국가의 정치적 지배계급에 의한 위로부터의 개혁이나 농민에 의한 밑으로부터의 혁명이 아닌 제3의 경로, 즉 전통사회에는 존재하지 않았던 부르주아지라는 새로운 계급이 형성되면서 이들이 역사의 변화를 이끌어가는 것을 의미한다. 그러나 이미 일어난 역사의 결과로부터 되돌아보면 이 문제들에 대한 답을 우리는 이미 가지고 있다. 실제로 19세기 후반에 부르주아지가 주도하는 혁명적 변화는 일어나지 않았고, 농업의 상업화를 통해 부를 축적한 일부 계급은 있었지만 이들은 사회변화를 능동적으로 그리고 주체적으로 이끌어가는 부르주아적 사회변화를 시도하지 않았다. 그렇다면 왜 조선에서는 농업의 상업화를 통한 부의 축적이 지주의 부르주아지로의 전환과 그에 따른 혁명적 사회변화를 가져오지 못했는가, 그리고 왜 농업의 상업화에 따른 자본축적이 정치적 갈등을 수반하지 않았는가를 질문해보아야 할 것이다. 이 장에서는 이러한 문제들을 검토해

보려고 한다.

일본에 의한 상업자본의 지배

농업의 상업화를 통해 부를 축적한 일부 지주와 부농이 상업부르주아지로 전환될 수 있는 가능성을 따지기 위해서는 우선 이들이 농업자본을 상업에 투자할 수 있는 기회와 역량을 어느 정도 지녔는지를 검토해야 할 것이다. 조선의 전통사회에서 농업자본이 상업자본으로 전환될 수 있는 가능성은 그리 크지 않았다. 대부분의 지주가 양반의 신분을 지니고 있었으며 유교의 가르침을 따르는 양반으로서는 마음의 평온을 해치는 상업행위에 종사하는 것이 바람직하지 않았기 때문이다. 이러한 경향은 개항이 되고 농업의 상업화가 본격화되면서도 그리 바뀌지 않았던 것 같다. 앞장에서 살펴보았듯이, 외국과의 교역을 통해 부를 축적한 일부 상인들이 오히려 토지를 매입하면서 지주로 전환하는 경우도 있었다. 그렇기 때문에 상업자본의 내재적 발달이 대규모로 일어나지는 않았던 것으로 이해될 수 있다.

물론 일부 연구(가령, 강만길 1973)에서 주장하는 것과 같이 조선시대에도 객주(客主)나 여각(旅閣)의 상업행위를 통해 상당한 정도로 부를 축적한 경우도 있었지만, 그럼에도 불구하고 이들이 상업부르주아지라는 하나의 중요한 사회세력을 형성하기에는 한계가 있었다. 그러나 농업이 본격적으로 상업화되면서 곡물의 수출을 통해 부를 축적할 수 있는 기회가 만들어졌고 기존의 상업구조에 근본적인 변화를 줄 수 있는 계기가 마련된 것은 분명한 사실이다. 이러한 변화가 가장 직접적으로 나타난 것은 시장구조에서였다. 일본으로 곡물이 수출되기 이전 조선의 전통적 시장구조는 상설시장이 아닌 오일장(五日場) 체제였다. 인접한 다섯 곳의 지역 중심들이 하나의 시장체계를 형성하고 이를 중심으로 일상생활이 전개되는 오일장 체제는 전국적으로 보면 하나의 거대한 거미줄 모양의 방사형(放射形) 그물망과 유사하게 형성되어 있었다.[71] 이 시장체제는 방사형 그물망에 포함된 지역 중심들 사이의 상호작용을 강화하는 방식으로 개인들의 경제적 행위를 이끌어갔다.

　전통적 시장체제는 개항과 함께 개항장 중심의 시장체제로 개편되었다. 방사형 체제의 핵심을 이루었던 구(舊)중심들은 쇠퇴하고 개항장이라는 새로운 중심이 성장하게 되었다. 대구, 전주, 나주 등의 구중심을 대체하는 부산, 목포, 군산과 같은 도시들이 새로운 중심으로 자리잡았다. 일단 개항장의 새로운 중심이 형성되고 나면 예전의 방사형 시장구조는 파괴되고, 전국의 시장이 개항장을 중심으로 구성되는 수지상형(樹枝狀形) 구조로 바뀌게 된다. 즉, 내륙의 상품이 내륙도시들 사이에서 거래되는 것이 아니라 개항장으로 실려나오고 이 상품들이 다시 개항장을 통해 일본으로 수출되는 형태를 띠게 된다. 그렇게 됨으로써 내륙의 시장들이 개항장에 종속되어 시장 연결망이 내륙의 시장들 사이에 형성되는 방사형 구조가 아니라 개항장이라는 하

---

71) 이러한 시장경제체제는 중국에서도 거의 비슷하게 나타났다. 이에 관해서는
　　Skinner(1964) 참조.

나의 중심을 향해 일직선으로 모여드는 나뭇가지 형태의 구조로 변화
된다는 것이다. 이는 마치 유럽이 서아프리카에 진출하면서 아프리카
내륙을 잇는 시장과 교통망은 전혀 발달되지 않고 모든 교통과 시장
연결망이 유럽으로 진출하는 항구를 향해 형성된 것과 유사하다.[72]

이러한 시장구조의 변화는 조선의 상업구조 전반에 걸쳐 중요한
영향을 미쳤다. 시장구조의 변화가 가진 사회적 영향력을 파악함에
있어 가장 핵심적인 문제는 누가 새로운 시장구조를 지배하는가이다.
이 점에 있어 개항 이후 초기의 시장구조는 조선의 상업발달을 위해
유리하게 작용했음이 분명하다. 새로운 시장구조 속에서 이익을 최대
화하기 위해 조선상인들 가운데 일부는 개항장으로 진출하여 상당한
정도의 부를 축적할 수 있었다. 개항장의 객주와 여각은 조선 곡물의
수출과 일본 공산품의 수입에 개입하면서 교통편의 제공이나 물품보
관을 위한 창고업 등을 통해 이익을 올릴 수 있었다(山口精 1910~11,
572~76면). 또한 근대적 항구의 건설과 기선의 도입과 같은 수운(水
運)제도의 구축을 통해 물품의 이송비용이 낮아졌고, 동시에 상거래
가 이전보다 훨씬 활발해짐에 따라 개항장에서 부의 축적 가능성을
한층 높여주었다.

초기 개항기에 조선상인들이 이런 방식으로 활동영역을 넓혀간 것
은 일본 상업자본의 진출이 미약했기 때문에 가능했다. 청일전쟁 이
전까지만 해도 일본상인이 직접 조선의 내륙을 돌아다니면서 상행위

---

72) 유럽의 아프리카 진출에 따른 제국주의적 시장네트워크 형성에 관해서는 Bates(1981)
　　참조.

를 하는 내지행상(內地行商)을 제한하고 있었으므로 일본자본의 조선 침투는 쉽지 않았다. 이러한 정치적 제약 외에 일본 상업자본 자체의 취약성도 무시할 수 없는 요인이었다. 이때만 해도 일본 공산품의 품질이 조악해 상품가치가 그리 매력적이지 못했고, 조선 시장에서 주도권을 장악하려는 중국자본을 넘어설 정도의 자본투자도 일어나지 않았으며, 일본상인들끼리 협력하기보다는 서로 치열하게 경쟁했기 때문에 전체적인 시장주도권을 확보하기에는 힘에 부쳤던 것이다(齊藤定得 1898, 19면; 宮尾 1900, 11면). 그런 점에서 초기 개항기의 조선상인들은 대체로 일본 상업자본의 영향을 받지 않은 채 경제적 행위를 했고 이에 따라 상업자본 축적의 가능성을 가질 수 있었던 것이다.

이러한 상황을 결정적으로 바꾸게 된 계기는 청일전쟁이었다. 청일전쟁에 승리한 일본은 조선에서 중국상인을 통제하게 되었을 뿐만 아니라 조선정부에 대한 영향력을 강화하여 조선상인의 매개 없이도 일본상인이 조선의 농업생산자를 직접 접촉할 수 있는 기회를 갖게 되었다. 이에 따라 일본상인이 조선의 내지를 자유롭게 돌아다니면서 상거래를 하게 되었는데, 청일전쟁 직전과 직후를 비교하면 조선 내지를 통행한 일본상인의 숫자가 거의 네 배로 증가했다(吉野誠 1983, 42면). 일본상인이 조선상인의 매개 없이 상거래를 함에 따라 조선상인의 쇠퇴는 불가피했다. 1890년대 들어 조선 농산물의 상품가치가 점차 높아져가자 자본의 여력이 풍부한 일본상인들이 조선과의 무역에 참여하게 되었고 이들이 가진 우월한 자본의 힘으로 인해 대외교역에서 조선의 상업자본은 약화되어갔다.

일본은 우월한 자본력을 바탕으로 선대제(先貸制)를 통해 조선의 경제를 지배해갔는데, 일본상인들은 주로 조선 거대지주를 직접 접촉했으나 다수의 중소지주를 접촉해야 하는 경우에는 조선상인들을 매개로 하여 선대제를 실행했다. 농사가 시작되기 전 겨울이나 봄에 농산물의 가격을 미리 지불하여 주문생산하는 방식으로 진행되는 선대제는 흔히 고리대의 형태를 띠었는데, 극단적인 경우에는 겨울이나 봄에 지불하는 선대료(先貸料)가 가을에 형성되는 농산물가의 1/3에 불과하기도 했다(吉倉凡農 1904, 53면). 고리대 형태의 선대제는 일본상인과 조선인 생산자의 직접 접촉을 결정적으로 촉진시킨 경부선, 경의선의 철도부설과 함께 보다 널리 퍼지게 되었다. 이러한 방식으로 일본의 상업자본이 조선의 농업을 지배하게 됨에 따라 한편으로는 조선 농산품의 교역을 통한 일본 상업자본의 이윤추구가 현실화되었고 다른 한편으로는 조선 농산물의 안정적 공급이 확보되었다.

일본 상업자본이 조선에서 영향력을 확대하면서 조선 상인과 지주들을 지배해감에 따라 자생적 상업부르주아지가 형성될 수 있는 가능성은 점차 제한되어갔다. 조선상인들이 상권을 장악하지 못하게 된 것은 물론이며 곡물의 수출을 통해 부를 축적한 조선인 지주들이 상업의 영역으로 진출할 수 있는 가능성도 현저히 줄어들게 되었다. 오히려 이들은 우월한 자본의 힘을 지닌 일본상인들의 통제를 받는 위치에 놓이게 되었고 일본의 시장 요구에 따라 움직이는 수동적 대응으로 농업의 상업화를 진행해갔다. 서구에서와 같이 적극적으로 시장을 형성하고 이를 통해 새로운 부의 근원을 확장함으로써 부르주아지로 발전되어 사회를 근본적으로 바꾸어가는 역동적이고 능동적인 사회변화의 주체로서의 모습은 이들과는 상당한 거리가 있었다.

조선 산업자본의 발생과 쇠퇴

조선의 지주와 부농들이 부르주아지로 전환할 수 있는 또다른 가능성은 산업을 통한 자본의 전환에서 찾을 수 있다. 상업의 영역과 마찬가지로 초기 개항기에는 산업의 내재적 발전이 일정한 정도로 이루어지고 있었으며 이는 새로운 사회변화의 길을 제공해주는 것이기도 했다. 심지어 개항과 함께 곡물의 수출이 본격적으로 이루어지기 이전에도 이미 일부 지주와 부농은 섬유산업에서 원시적 형태의 공장제 생산을 실행하였다. 당시의 섬유생산은 주로 빈농가계의 여성노동력을 활용하여 농촌에서 가계 부업의 형태로 진행되었지만 면포 생산이 널리 퍼져 있었던 일부 지역의 지주와 부농들은 시장에서의 판매를 목적으로 하여 다수의 방직 및 방적 기계를 설치하여 생산에 참여하기도 했다. 물론 이러한 생산방식이 진정한 의미의 공장제 생산으로 불릴 수는 없겠지만 가내수공업의 단계는 넘어서고 있었다.

특히 전국적으로 볼 때 면직물의 생산은 지역적 분업의 특성도 띠고 있어 일부 지역에서는 원자재인 면화의 생산에 주력하고 다른 지역에서는 면직품의 생산에 집중하는 모습을 보이기도 했다(梶村秀樹 1983). 남부지역의 경우에는 이러한 지역적 분업이 각 지역의 기후나 토양과 같은 자연적 조건보다는 값싼 노동력의 공급 여부, 면직산업에 필요한 자본의 소유 여부, 원재료의 운송비용 등과 같은 사회적 조건에 의해 결정되었다. 이런 점에서 볼 때 면직산업의 발전은 자연적 조건에 따른 자연발생적인 것이 아니라 사회적 조건에 근거해서 이루어진 인위적 시도의 결과로 이해될 수 있다.

이러한 발전은 1890년대 들어 일본의 면직물 관련 제품들이 수입되면서 심각한 타격을 받게 된다. 1900년대 이전까지 일본 면직물의 조선 침투는 그리 심각하지 않았다. 일본 스스로가 산업화의 초기단계에 있었던 만큼 일본 면직물의 품질이 대중 소비에 적절할 정도로 우수하지 않았기 때문에 영국과 같은 선진국에서 만들어진 제품을 조선에 수출하는 중개무역에 매달렸다. 중개무역으로 들어온 고급 면직물은 주로 일부 부유층에 의해 소비되었고, 대부분의 조선인들은 저급한 일본제품보다는 값싼 조선 면직물을 소비했다(김광진 외 1988, 161면).

이런 상황에서는 일본 면직품이 조선의 산업기반을 와해시키기에 한계가 있었다. 오히려 일본 면사(綿絲)의 수입은 조선의 방직공업을 일정한 정도로 발전시키는 데 기여한 것으로 평가된다. 자료에 의하면, 일본 면사의 수입과 함께 조선 지주와 부농들 사이에 방직기계가 널리 퍼지게 되었고 일본 면사를 사용한 면직품 생산에서 1필당 1엔의 이익을 올렸는데 이는 필당 시장가격의 41.7%에 해당되어 상당한 이익을 올린 것으로 확인된다(日韓通商協會 1983, 46~47면). 이에 따라 일본 면사에 대한 수요는 자연히 증가되었고 실제로 일본 면사의 수입도 늘어났다. 일본 면사를 사용한 방직품 생산에는 지주와 부농들이 좀더 적극적이었지만 빈농들도 어느정도는 수혜를 받았다. 방직생산이 새로운 취업의 기회를 가져다주었을 뿐만 아니라 부업을 통한 가외수입도 만들어주었던 것이다. 보다 중요하게는 농산물의 수출을 통해 어느정도 부를 축적하게 됨에 따라 조선인들의 구매력도 이전보다는 높아졌고, 이에 따라 면직품 생산이 자가소비를 위한 것에서 시장판매를 목적으로 하는 것으로 변화되었다.

　그러나 이런 변화가 반드시 당시의 경제발전에 유리하게만 작용하지는 않았다. 고급 면사를 싼값에 구입할 수 있게 됨에 따라 면화생산을 통한 면사의 확보는 점차 포기되는 경향이 나타났다. 특히 일본으로의 농산품 수출과 맞물려 면화생산은 새로운 환금작물로 떠오른 콩의 경작으로 대체되기도 했는데, 콩의 상품화가 적극 진행되었던 경상도 지역에서는 이러한 경향이 강하게 나타났다. 전통적으로 많은 면화를 생산하고 있었던 전라도 일부 지역에서는 여전히 면화경작이 이루어졌지만 면화경작이 콩으로 대체되는 경향은 농업생산의 단순화를 더욱 촉진시켰다. 1890년대 이후 콩의 가격이 면화의 가격보다 빠른 속도로 상승하였기 때문에 조선의 지주와 농민들은 당연히 콩의 경작을 선호할 수밖에 없었다(木村光彦·浦長瀬隆 1987, 619면). 이러한 과정을 통해 인삼, 담배와 함께 전통적인 환금작물 역할을 했던 면화생산이 줄어들면서 조선의 농업은 쌀과 콩으로 단순화되고, 쌀과 콩이 농업의 상업화에 중심되는 위치를 차지하게 된 것이다. 면화가 가졌던 환금성을 콩의 경작을 통해 보충할 수 있었기 때문에 지주와 농민들이 입은 피해는 비록 크지 않았지만 이 과정에서 조선경제가 일본의 제국주의적 세계체제 속으로 편입되면서 자생력을 잃어간 것은 분명하다.

　조선경제의 자생력 상실은 이후 일본 면직물이 완성품의 형태로 수입되는 추세가 강화되면서 더욱 심해졌다. 면직물의 수입증가로 인해 일본 면직물의 조선시장 점유율은 급격히 높아졌고 일본 면사 수입이 가진 긍정적 효과는 사라지게 되었는데, 이러한 경향은 러일전쟁 이후 한층 심화되었다. 한 연구(村上勝彦 1979, 165~70면)에 의하면,

1899년도 조선 면직물 소비 가운데 41%를 일본제품이 차지했고 1908년에는 그 비율이 62%(일본 면사로 생산된 조선 면직물이 차지한 27%는 제외)로 높아졌다. 이러한 상황으로 인해 농업에서 부를 축적한 일부 조선인이 산업자본가로 전환될 수 있는 가능성은 극도로 제한되었다. 오히려 이전에 가내수공업 단계를 넘어서면서 면직산업을 발전시키려던 시도도 대량생산된 일본 면직물의 수입으로 인해 고사될 지경에 이르렀다. 조선인 농업자본가들은 계속 농업의 영역에 남도록 유도되었으며 일본의 경제적 요구에 따라 움직이는 조선의 시장상황을 고려한다면 농업의 영역에 남아 부의 축적을 추구하는 것이 그들에게 더 유리했다.

일본의 경제권에 편입된 조선의 시장구조로 볼 때, 조선의 지주와 농민들이 면직산업에 참여할 수 있는 기회는, 스스로 공장을 설립하는 것이 아니라 면직업의 원재료인 면화를 일본에 수출함으로써 얻을 수 있었다. 그러나 조선에서 재배되던 면화인 재래면은 일본의 면직산업에서 사용하는 육지면과 품종이 달라 조선인 농가는 일본으로부터 육지면 품종을 수입해야 했는데, 통감부가 나서서 이를 적극 추진했다. 통감부는 조선에 대한 지배력을 강화하면서 육지면의 재배를 강요하기도 했는데, 이를 위해 두 가지 전략을 동원했다. 하나는 재래면을 사용하는 방적과 방직 기계를 설치하지 못하도록 하는 조치였으며, 다른 하나는 정부의 승인을 받은 상공업자에게만 육지면의 판매를 허용하는 조치였다. 이 조치의 목적은 조선의 육지면이 조선에서 소비되지 않고 일본으로 수출되도록 하여 일본의 면직업을 위한 원자재 공급을 원활히 하려는 것이었다. 물론 이로 인해 조선 면직업의 발전이 심각하게 방해받는 대가를 치러야만 했다.

결국 이러한 이유들로 인해 조선의 초기 산업화는 상당한 정도로 제약받게 되었고, 따라서 조선인 농업자본가가 산업자본가로 전환될 수 있는 가능성도 점차 소멸되어갔다. 조선의 내재적 산업화가 한계에 부딪히게 된 데는 일본의 경제구조가 1890년대 이후 변화했다는 외적인 요인이 결정적으로 작용하였다. 1890년대 이후 급속히 진행된 일본의 산업화는 일본 제국주의의 경제체제에 편입된 조선경제의 구조적 변화를 필연적으로 요청하였다. 동아시아에 진출한 여러 서구 제국주의 국가들과 경쟁하기 위해 일본은 급속한 산업화가 필요했고, 이를 위해 산업화를 위한 원자재 확보와 대량생산된 상품의 시장을 개척해야만 했다. 조선은 이러한 용도에 적합하도록 식민지형의 경제구조로 재편되어야 했으며, 이를 위해 농업의 상업화를 통해 부를 축적한 일부 지주와 부농이 농업에 남아 있도록 유도되었기 때문에 이들이 산업부르주아지로 전환될 수 있는 가능성은 소멸될 수밖에 없었다.

정치적 갈등을 수반하지 않은 농업자본의 축적

조선에서 진행된 농업의 상업화를 서구의 경험과 비교해볼 때 발견되는 가장 뚜렷한 차이는, 서구에서는 농업의 상업화를 통해 부를 축적한 일부 계급이 도시의 부르주아지로 전환되면서 전통사회의 근본적인 변화를 추구했다는 것이다. 그러나 조선에서는 농업의 상업화를 통한 부의 축적은 가능했지만 이들이 근대적 부르주아계급으로 전환되지도 않았고 동시에 이들에 의한 근대적 사회로의 변화가 시도되지도 않았다. 달리 표현하자면 농업자본의 축적은 일어났지만 이것이 곧 정치적 갈등과 정치체제의 변화로 연결되지는 않았다는 것이다. 그렇다면 이러한 차이는 어떤 이유에서 나타났는가?

영국의 경우, 일부 부농들이 농업의 상업화를 통해 부를 축적하면서 새로운 경제적 지배계급으로 등장하게 되고 이들은 기존 사회를 혁명적으로 변화시켜갔다. 이들이 전통사회를 근본적으로 바꾸어나간 이유는 전통적 지배계급이 독점하고 있던 권력을 나누어 가지려는 의도와 함께 이들이 추구하는 시장경제를 통한 부의 축적이 기존 체제의 정치적 억압으로 인해 방해받고 있었으므로 이를 해결해야 할 필요가 있었기 때문이었다. 즉, 이들의 정치적 변혁 추구는 한편으로는 전통적 지배계급의 기득권에 대한 도전이기도 했지만 더 근본적으로는 자신들의 이윤을 보장해주는 시장경제를 정치적 통제로부터 분리시켜 '자기조정적 시장'(self-regulating market)으로 만들려는 의도로 이해될 수 있다. 이것이 바로 이들이 추구한 정치와 경제의 분리를 통한 근대적 자본주의사회 형성의 본질인 것이다.

그러나 이러한 두 조건이 개항기 이후 농업의 상업화가 진행된 조선사회에는 적용되기 힘들다. 먼저 이론적으로 생각해볼 때, 계급들 사이의 갈등이 강화되는 경우는 경제적 하강이동으로 인해 전통적인 지배계급의 경제적 이익이 침해되거나(경제적 지배계급의 교체turnover) 상승이동이 지나치게 많은 수의 새로운 지배성원을 탄생시켜 전통적인 지배계급이 자신의 몫으로 여겼던 공적 지위, 명예, 기득권으로부터 배제될 때(정치적 지배계급의 개편displacement)이다(Goldstone 1991, 109

면). 그러나 개항기에 나타난 계급이동은 이러한 형태와 일치하지 않았다. 농업의 상업화로 인해 토지소유권의 이동이 상당한 정도로 있었지만, 대규모의 토지는 여전히 정치적 지배계급의 상층부가 소유했다. 따라서 농업의 상업화가 가져온 사회이동이 정치적·경제적인 차원의 계급이익을 심각히 침해하는 것으로 연결되지는 않았다. 따라서 농업의 상업화가 지배계급들 사이의 갈등을 가져올 가능성은 그리 높지 않았다. 또한 당시의 상황은 전통적 지배계급과 새롭게 성장하는 지배계급이 한정된 부를 놓고 서로 다투어야 하는 영합(zero-sum)의 갈등상황이 아니라 사회 전체의 부의 규모가 이전보다 한층 커졌기 때문에 서로가 상대방의 경제적 이익을 해치지 않은 채 자신이 부를 축적할 수 있는 상황이었다. 따라서 두 지배계급이 굳이 갈등을 일으켜가면서 부를 축적해야 할 이유가 크지 않았던 것이다.

정치적 변혁을 수반하지 않은 농업의 상업화가 전개된 좀더 근본적인 이유는 개항기 농업의 상업화가 내재적으로 발전된 시장에 의해 주도된 것이 아니라 바깥에서 주어진 시장에 반응하는 방식으로 진행되었기 때문이다. 경제적 관점에서 보면, 농업의 상업화는 외부에서 기원하든 내부에서 발생하든 공히 자본축적의 기회를 제공해준다는 점에서 큰 차별성이 없다. 그러나 농업의 상업화가 가진 이러한 일반적 영향력에 더하여 농업사회의 근본적 구조의 변화라는 관점에서 보면, 외부에서 유발된 상업화는 내재적으로 발전된 상업화와는 분명 다른 의미를 가진다. 내재적으로 농업의 상업화를 이룬 경우에는 시장에 가해지는 정치적 통제가 새로운 경제적 지배계급의 이윤추구에 커다란 걸림돌이 될 것이며 따라서 이를 극복하기 위한 시도가 자연히 일어나게 된다. 그러나 시장이 일본이라는 외부에 형성되어 있고, 그 시장이 일본의 정치와 자본이라는 외부의 힘에 의해 통제되는 경우에는 조선의 경제적 지배계급이 이 시장을 정치적 통제로부터 자유로운 자기조정적 시장으로 만들 능력도 그리고 그럴 필요도 없었다. 농업의 상업화와 정치적 변혁을 연결시켜 인식할 때 실제로 조선에서 일어난 농업의 상업화는 바로 이러한 근본적인 문제를 지니고 있었다. 이것이 바로 이 시기에 일어난 농업의 상업화가 '외부'에서 유발된 것에서 비롯되는 한계이다.

이미 앞에서 보았듯이, 조선의 지주와 부농 혹은 대상(大商)들은 상업화의 매개가 되는 시장을 통제할 수 없었고 오히려 외부에서 유입된 상업자본에 의해 조선의 농업이 지배당하는 상태가 되었다. 따라서 부의 축적을 이룬 지주나 부농이 상업자본가나 산업자본가로 발전할 수 있는 가능성은 극히 제한되었고, 그 제한성은 일본의 제국주의적 경제운영에 조선이 깊이 편입되면서 더욱 뚜렷해졌다. 이들이 자발적으로 산업에 참여할 수 있는 가능성은 조선이 일본 섬유산업의 소비시장이 되고 일본의 산업화를 위한 식량과 원자재 기지로 전락하게 됨에 따라 사실상 소멸되었다. 오히려 이들은 쌀·콩과 면의 교환체계 속에서 왜곡된 농업경제의 구조를 심화시켜갔으며, 이러한 구조를 바꾸기보다는 이에 적극적으로 적응함으로써 경제적 부를 축적할 수 있었다. 이들이 새로운 형태의 산업자본가로 등장할 수 있었던 것은 일본이 산업화정책의 방향을 바꾼 1920년대 이후 조선인에게 일부 면방직공업의 참여를 허용하고 난 이후이다.

근대로의 길,
식민으로의 길

한 나라의 운명은 역사의 결정적 전환기에 어떻게 대처하는가에 따라 달라질 것이다. 우리 역사에는 몇번의 결정적인 전환기가 있었는데, 그 가운데 근대 들어 나타난 최초의 전환기는 19세기 후반이었다. 이 시기는 분명 국가적 위기의 시기였으며, 이 위기의 극복 여부는 조선의 식민화에 결정적 영향을 미쳤다. 이 시기에 일어난 역사적 사건들의 영향은 그 이후 수십년에 걸쳐 지속되었고 심지어 현재까지도 식민 유산을 말할 정도로 깊고도 날카로운 상처를 남겼다. 500년 가까이 지속되던 체제가 안으로부터 무너지기 시작하고 바깥으로부터 오는 외침의 압력이 가중되면서 이 위기는 조선의 정체성을 위협하는 총체적 위기로 심화되었다. 이 위기는 정치, 경제, 사회, 문화의 모든 영역에서 일어났고 계급과 신분을 초월하여 모든 조선인들의 이해관계에 영향을 미치는 전면적인 것이었다. 이러한 국가적 위기를 극복하려는 다양한 시도들은 조선을 새롭게 하려는 노력으로 구체화되었고, 그리하여 이 위기는 단순히 위기로 그치고 만 것이 아니라 또 다른 기회로 작용했다. 이 기회를 최대한 이용해 조선을 새롭게 만들기 위해 국가의 정치엘리뜨들은 위로부터의 개혁을 시도했고, 농민들은 사회운동을 통해 밑으로부터의 변화를 시도했으며, 지주와 부농들은 곡물의 수출을 통해 농업의 상업화를 적극 추진함으로써 농업자본의 축적을 이루었다. 사회변화를 위한 이들의 다양한 시도는 전통적 농업사회가 서로 다른 경로로 근대화할 수 있는 가능성을 보여주는 것이기도 하다.

이들의 이러한 노력들이 가져온 최종적 결과에 대해서는 우리 모두가 이미 알고 있다. 조선의 위기를 극복하려는 노력들이 더이상 유효하지 않게 되면서 조선은 일본의 식민지로 전락하게 되었고 조선인들은 오랜 질곡의 시간을 보내야만 했다. 그러나 조선의 식민지 전락이 곧 실패의 역사만을 의미하지는 않는다. 비록 조선이 일본의 식민지로 전락했지만 그 과정에서 조선은 근대화의 노력을 게을리하지 않았고 이전과는 다른 사회로 끊임없이 바뀌어갔다. 따라서 이 시기의 역사를 단순히 조선의 식민화에만 촛점을 맞추어 실패의 역사로 규정한다면, 역사의 복잡한 과정을 지나치게 단순화하는 오류를 범하게 될 것이다. 오히려 이 시기는 근대로 가는 길과 식민으로 가는 길이 중첩되는 때였으며, 이 두 과정은 분절적이거나 배타적인 것이 아니라 하나로 뒤엉켜 있는 모습을 띠었다. 지금까지 이 책은 근대와 식민으로 가는 과정에 관한 다양한 분석을 시도해보았다. 이제는 이 시기에 나타난 근대의 길과 식민의 길이 어떻게 교차하고 있었는지를 종합적으로 검토해야 할 지점에 도달했다.

근대로의 길

조선의 위기를 극복하려는 모든 시도가 근대를 지향했던 것은 아니다. 그러나 조선이 오랫동안 지켜왔던 유교의 전통과 문물을 조금도 훼손시킬 수 없다는 일부 극단적 위정척사론자들과 체제의 전면적 개혁보다는 부분적 개혁과 구제도로의 복구를 선호했던 농민들을 제외하면, 정도의 차이는 있을지라도 서구적 근대를 도입함으로써 위기를 극복하려는 시도는 다양하게 추진되었다. 일부는 유교를 지키면서 서양의 문물만을 도입하려는 동도서기론을 제시함으로써 제한된 근대를 꿈꾸었고, 다른 일부는 유교를 지키더라도 서구의 법과 제도를 도입하는 것은 불가피하다는 유교(실학)적 변법론을 제시하여 상대적인 급진성을 보여주기도 했다. 다른 한편으로는 서구지향성을 강하게 띠면서 유교로부터 비교적 자유로운 점진적 방법의 서구적 개혁을 추구한 변법론자들이 나타났고, 이들을 넘어 유교의 전면적 배척과 기독교의 수용을 강조하며 급진적 개혁을 시도한 문명개화론자들도 나타났다.

이 시기 다양한 사회적 행위자들이 추구한 근대의 모습 가운데 가장 구체적이었으며 실현 가능성이 높았던 것은 갑오개혁일 것이다. 갑오개혁의 주체들은 일본을 통해 수입된 서구적 근대를 정치, 경제,

사회의 여러 영역에서 실현하려 했다. 이들은 전통적 지배자였던 군주를 정치적 권력에서 배제함으로써 군주의 개인적 의지에 따라 지배가 이루어지는 방식으로부터 규칙이 지배하는 근대적 관료제로 전환시키려 했다. 이러한 목적을 위해 수많은 법안과 규칙이 만들어졌고, 이를 실행하기 위한 제도적 장치로서 전통적 육조체제를 근대적 내각제로 바꾸었다. 이런 방식으로 군주가 아닌 국가라는 추상적 실체를 중심으로 중앙집권화된 국가구조를 구성하려 했는데, 이는 전통적 지배구조에 대한 가장 전면적인 도전이면서 동시에 가장 급진적인 근대화의 시도였다. 갑오개혁의 집권세력은 이외에도 다양한 근대의 제도를 도입하려 했다. 조세의 금납화와 조세제도의 합리화를 통해 근대적 화폐경제의 기반을 마련했고, 이를 실행하기 위해 도량형의 통일, 국가예산제의 도입과 같은 경제인프라를 구축했다. 사회적으로는 한층 급진적인 개혁을 추진하여, 조선사회를 뒷받침했던 신분제를 해체하고 과거제를 폐지했다.

이러한 근대의 도입은 갑오개혁이 끝나면서 중단되는 듯하지만, 실제로는 그 이후에도 근대를 향한 발걸음은 계속되었다. 일본의 영향력이 쇠퇴하면서 갑오개혁 추진세력은 권력을 잃고, 러시아와 미국의 힘을 등에 업은 새로운 집권층이 형성되면서 보수 관료들이 정권을 넘겨받았다. 흔히 근대의 도입이라는 관점에서 볼 때 이들은 부정적 평가를 받아왔던 것이 사실이지만 실제로 이들이 광무개혁을 통해 실행한 국가개혁은 새로운 근대의 도입으로 볼 수 있다. 대한제국 들어 광무개혁이 시작되면서 그 기본원칙으로 구본신참이 제시되었는데, 이는 마치 옛것으로의 회귀를 의미하는 것처럼 보이지만 실제로 대한

제국은 갑오개혁의 성과를 충실히 이어받았다. 고종이 갑오개혁으로 잃어버린 권력을 되찾았고 근대적 내각제도가 의정부 중심으로 다시 개편되기는 했지만, 이들도 갑오개혁을 통해 얻은 근대의 성과를 버릴 수는 없었다. 이를 무시하기에는 당시의 상황이 너무나 급박했고 따라서 이들은 새로운 관점에서 근대를 기획하고 추진했다.

의정부와 궁내부(宮內府)가 주도한 광무개혁은 실로 다양한 영역의 근대화를 포함했다. 국가기구의 정비는 물론이며 토지조사와 토지소유권 인증을 위한 양전지계사업(量田地契事業), 인구통계정보 수집을 위한 호구조사, 상공업 진흥과 근대적 공장의 설립, 근대적 교육제도의 확산, 전기와 전차 그리고 기차 등 근대적 사회기반시설의 구축이 이 시기에 이루어졌다.[73] 광무개혁에서 이루어진 정치와 경제 분야의 근대적 개혁에 관해서는 이미 5장에서 살펴보았는데, 교육이나 사회기반시설에 있어서도 이에 못지않은 중요한 근대의 도입이 이루어졌다.

근대적 교육은 갑오개혁 시기인 1895년 민영환(閔泳煥)이 흥화학교(興化學校)를 설립하면서 이미 시작된 것이기는 하지만, 대한제국 시기에 들어 그 중요성이 널리 확산되면서 새로운 단계로 도약했다. 정부 스스로가 교육의 중요성을 인정하여 학교를 설립하거나 학교에 대한 재정적 지원을 제공하였고, 민간인에 의한 사립학교 설립도 적극 추진되었다. 왕실을 비롯한 고위관료들도 다수의 사립학교 설립에 참여하여 진명여학교, 숙명여학교(이상 설립자 嚴妃), 양정의숙(설립자 嚴

---

73) 대한제국 시기에 시도된 다양한 근대의 모습에 관해서는 Kim et al.(2006) 참조.

柱益), 보성중학(설립자 李容翊), 희문의숙(설립자 閔泳徽), 융희학교(설립자 兪吉濬) 등이 이 시기에 설립되었다. 사립학교를 세운 또다른 주류는 기독교계통 학교를 세운 외국인 선교사들이다. 1905년에 이미 장로교 계통의 학교가 208개, 감리교 계통 학교가 46개 세워져 있었으며 학생수는 각각 3,116명과 1,017명에 이르렀다(류방란 2001, 260면). 이 시기에 세워진 대표적인 기독교계통 학교로는 배재, 이화, 정신, 경신 등이 있다. 교육내용도 상당히 변화하여 영어나 일본어와 같은 외국어는 물론이며 고등기술과 산술에 관한 교육이 이루어졌다. 1905년 이후에는 국가의 위기가 가시적으로 드러나면서 사립학교의 숫자가 기하급수적으로 늘어나고 교육내용에 있어서도 조선의 정체성에 관한 부분이 중요성을 차지하게 됨으로써 근대성과 민족성이 접합되는 형태를 띠었다(Yuh 2006, 87면).

근대의 도입에 있어 정치, 경제, 사회의 여러 제도적 변화 못지않게 중요한 의미를 가지는 것은 일상생활의 변화를 가져오는 사회기반시설의 구축이다. 그 점에서 전기, 전차, 전신, 기차의 도입은 새로운 세계를 직접 경험하는 중요한 통로가 되었다. 일본에도 전기가 도입되지 않았던 1886년, 경복궁에 전기시설이 설치되면서 조선은 사람이 만들어내는 불빛을 보면서 근대적 시간의 개념을 새롭게 정립하게 되었다. 이전에는 밤이 되면 모든 것이 암흑 속으로 묻히면서 버려진 시간이 되었으나 이제는 밤과 낮이 다르지 않을 수 있음을 경험하게 된 것이다. 물론 전기가 조선인들의 일상생활에 활용된 것은 한참 시간이 지난 뒤였기는 하지만 조선인들은 이러한 경험을 통해 분명 이전에는 생각할 수 없었던 변화를 꿈꿀 수 있게 되었다.

전차와 기차는 훨씬 더 큰 영향을 미쳤다. 1899년 봄과 가을에 각각 전차와 기차가 운행되기 시작했는데, 동대문과 홍릉(洪陵, 청량리)을 연결하는 전차가 1899년 5월에 처음 개설되었고, 4개월 후 인천과 노량진을 잇는 기차가 움직이기 시작했다. 근대적 대중교통이 처음으로 조선에 퍼지게 된 날, 수천 명의 구경꾼이 모여 근대의 탄생을 신기한 눈으로 쳐다보았다. 처음에는 단순한 호기심으로 시작된 근대의 태동이 점차 개인들의 일상에서 변화를 가져오게 되었는데, 특히 새로운 근대의 경험은 시간과 공간의 개념을 바꾸는 데 크게 기여한 것으로 보인다. 이전에는 생각도 할 수 없었던 빠른 속도로 한 공간에서 다른 공간으로 이동할 수 있게 됨에 따라 결코 쉽게 갈 수 없었던 곳산도 여행 가능한 범위에 들어오면서 공간의 확장이 일어났다. 그러나 다른 한편으로는 한 공간에서 다른 공간으로 이동하는 도중에 위치한 공간은 이제 머무를 필요가 없는 스쳐가는 공간으로 바뀌어갔다(Schivelbusch 1977, 38~40면). 이런 식으로 한 개인의 이동범위는 공간적으로 확대되었지만, 다른 한편으로 이동하는 공간의 밀도는 이전보다 옅어지는 결과를 가져왔다. 이는 개인들이 생활하던 공동체의 범위가 이전보다 훨씬 넓어지면서 좁은 범위의 지역공동체는 와해되고 그 속에서 살아가는 개인들의 결속성도 상당히 약화될 수 있음을 함축한다(Son 2006, 281면).

기차나 전차와 같은 근대적 이동수단은 시간개념의 변화도 초래하게 되는데, 무엇보다 개인들이 걸어가면서 느낄 수 있는 속도와 기차나 전차를 타면서 경험하는 속도 사이에는 상당한 인식의 차이가 있게 마련이다. 근대적 교통수단이 가져다준 속도의 차이만큼이나 개인들은 압축된 시간을 인식하게 되고 근대적 '빠름'에 기반한 새로운 시간개념을 갖게 된다. 또한 기차와 전차는 일정하게 정해놓은 시간표에 따라 움직이기 때문에 이를 이용하려는 개인들도 자연적 시간이 아닌 인위적으로 설정된 시간에 의해 행동의 제약을 받는 결과를 가져왔다. 한 개인이 자의적으로 시간을 정해놓고 가고 싶을 때 가고 오고 싶을 때 오는 시간이 아니라 정해진 시간표에 따라 모두가 같은 시간에 기차를 타고 일정한 시간을 공유한 후 같은 시각에 목표에 도착하는 식으로 시간개념이 바뀌게 된 것이다. 이에 따라 개인이 경험하는 시간도 개인적 시간이 아니라 공적인 시간의 성격을 띠게 되었다.

정치, 경제, 사회의 제도로 말미암은 근대의 경험과 함께 개인의 일상생활에서 겪게 된 여러 모습의 근대는 새로운 기록의 형태를 통해 확대재생산되기도 했다. 이 시기에 나타난 근대적 형태의 소설인 신소설(新小說)이 그러하다. 전통적 의사소통 수단이었던 한문이 아닌 구어체의 국문을 사용한 신소설은 이인직(李人稙)의 『혈(血)의 누(淚)』와 함께 시작되어 개화의 결과로 나타난 다양한 근대의 모습을 증언해주고 있다. 신소설에 담겨 있는 '새로움'은 여러가지를 포함하는데, 대표적인 것으로는 신분제의 극복, 개인적 선택에 의한 연애결혼, 외국유학을 통해 얻어진 새로운 교육, 성적 평등 등이 있다(Kim 2006, 128면). 신소설에 담겨 있는 이러한 새로운 세상에 대한 담론은 당시에 일어나고 있던 변화를 표상하는 것이기도 하지만 동시에 새로운 변화를 이끌어가는 힘으로 작용하기도 했다.

제도와 의식을 통해 구현된 다양한 형태의 근대가 항상 순조롭게 도입된 것만은 결코 아니다(김동노 2006, 148면). 새로운 삶의 방식으로 근대가 도입되면서 한편으로는 일상의 한 부분이 되어 받아들여지기도 했지만 다른 한편으로는 강한 저항을 불러오기도 했다. 갑오개혁 이후 추진된 정치적·경제적 제도의 근대화는 위정척사를 주장하는 보수적 유학자들의 수많은 상소(上疏)의 원인이 되었고, 갑오개혁에서 시도된 근대적 복제(服制)와 단발령(斷髮令)은 의병투쟁이라는 극단적 저항을 초래하기도 했다. 근대적 산업진흥의 한 영역으로 실시된 광산개발도 예외는 아니었다. 광산개발은 흔히 민중의 삶을 침해하는 방식으로 전개되어 전답과 분묘가 훼손된 경우도 많았고 광산 주변지의 개간과 벌목을 금지함으로써 일반민중들의 삶에 직접 피해를 입히기도 했다. 그래서 당시 언론에서도 광산개발이 '이소해다(利小害多)'이므로 막아야 한다는 논설을 게재하기도 했다.

비슷한 현상이 철도부설에서도 나타났다. 철도건설로 인해 토지와 가옥에 대한 침탈이 일어나자 이에 대한 문제제기가 꾸준히 이어졌다. 전차와 인력거가 충돌하자 민중들이 전차를 파괴하는 일도 생겼고, 전차에 어린아이가 치이자 전차에 불을 지르고, 때마침 찾아온 가뭄을 전차 탓으로 돌리는 일도 있었다(『황성신문』 1901년 5월 24일 논설; 1899년 8월 29일 잡보; 1899년 5월 27일 논설). 그렇지만 다른 한편에서는 전차가 근대문명의 상징이자 흥미로운 구경거리였으며, 전차를 타기 위해 수많은 사람이 운집하여 근대의 축제를 벌이기도 했다. 이런 방식으로 대한제국기의 근대는 다양한 주체에 의해 서로 다르게 경험되었을 뿐만 아니라 한 주체의 경험 속에서도 긍정과 부정의 복합적 양상으로 재현되고 있었다.

많은 갈등과 굴곡을 거쳐 19세기 후반 조선은 새로운 제도와 문화를 도입함으로써 한걸음씩 근대를 향해 나아가고 있었다. 조선인들이 원하든 원하지 않든 이전에는 경험하지 못했던 새로운 일상을 맞이하고 새로운 시간과 공간의 개념을 경험하게 되었던 것이다. 그런 점에서 우리 역사에서 근대의 시작은 대체로 19세기 후반에서 비롯된 것으로 보아야 할 것이다. 흔히 한국사회에서 근대성의 기원을 일제 식민지시기로 설정하는 경향이 있는데, 이에 대한 검토도 다시 요청된다. 물론 많은 영역에서 근대성이 확실하게 자리잡게 된 것은 분명 일제시대였다. 정치제도나 국가재정의 중앙집중화, 자본주의 경제의 정착, 산업화와 같은 근대적 변화가 일제시대에 진행된 것은 틀림없는 사실이다.

그러나 더 거슬러올라가 보면, 이러한 시도는 19세기 후반과 20세기 초반 조선이 일본의 식민지로 전락하기 이전부터 이루어지고 있었다. 한 예로, 1910년대 식민지 조선의 경제성장률은 이미 3% 이상으로 높아져 0.25% 정도였던 개항 전 조선의 성장률을 훨씬 상회하고 있는데, 우리는 10년이 미처 되지 못한 식민지 경영의 결과만으로 이러한 성장이 가능했는지에 관해 의문을 제기해볼 수 있다(이헌창 2004, 283면). 이러한 성장은 식민화 이전에 이미 도입된 근대적 산업의 발전과 교통, 통신, 금융 등의 인프라로 인해 가능했던 것으로 인식함이 오히려 타당할 수 있다. 그런 점에서 식민지시기를 전후로 완전히 다른 역사로 분절화시키는 시도는 역사의 복합성을 무시하는 위험한 발상일 수 있다. 조선이라는 국가의 정체성이 식민지시기를 전후로 단절된 것은 분명하지만 다른 많은 영역에서도 이러한 단절이 있었는지는 좀더 많은 경험적 검토를 필요로 한다. 오히려 근대성의 측면에서 볼 때 식민화 전후는 단절보다는 연속에 가까워 보인다.

새롭게 시도된 근대의 도입이 19세기 후반 조선의 많은 영역에서 이미 이루어지고 있었고, 때로는 이 시도가 성공적이기도 했고 때로는 실패로 끝나기도 했다. 식민화를 전후한 근대의 연속성을 가정한다면 식민화 전후의 차별성은 근대를 도입하려는 의도가 아니라 근대를 정착시킬 수 있는 역량(capacity)에서 찾을 수 있다. 가령, 갑오개혁에서 중앙집권화된 근대적 국가구조를 정착시키려 했지만 결국 실패로 돌아가고 말았는데, 일제는 조선을 식민지로 만든 이후 이를 가장 주된 식민지 운영전략으로 설정하여 성공적으로 이루어냈다. 조선 정부는 자율적 근대화를 시도하려는 의지가 부족했던 것이 아니라 이를 성공적으로 이끌 수 있는 역량이 부족했던 것이다. 바로 이러한 역량의 부족으로 인해 조선은 근대의 세계를 식민이라는 왜곡된 형태와 경로를 통해 받아들이게 되었던 것이다.

식민으로의 길

19세기 후반 조선이 맞이한 총체적 위기를 극복하기 위한 다양한 시도들이 실패로 돌아가면서 조선은 불가피하게 식민으로의 길을 걷게 되었다. 조선에 앞서 근대화에 성공하고 제국으로 성장한 일본의 존재는 불행히도 조선에게는 피할 수 없는 결정적 위협이었다. 일본과 서구를 모델로 한 근대화를 통해 조선의 정치, 경제, 사회의 구조를 완전히 바꾸려는 시도들이 실현되지 못하면서 조선의 운명은 조선이 원하지 않는 방향으로 결정되었다. 조선이 식민지로 전락하는 과정에서 농민, 정치엘리뜨, 지주, 그리고 보수적 유학자들은 서로 다른 방식으로 위기를 극복하려 했고 동시에 위기를 기회로 만들어갔다. 농민들은 동학농민운동이라는 사회운동을 통해 전통적 질곡에서 벗어나려 했고, 정치엘리뜨들은 갑오개혁과 광무개혁이라는 위로부터의 국가개혁을 통해 위기의 극복과 함께 중앙집권화된 정치구조를 만들려고 했다. 또한 지주와 부농은 곡물의 수출을 통해 자본을 축적함으로써 경제적 지배계급으로서의 위치를 공고히하려 했고, 보수적 유학자들은 바깥으로부터 오는 위협에 맞서 조선의 전통적 정체성을 더욱 강화하려 했다. 이들이 보여준 각각의 시도들이 위기를 극복하기에 어떤 한계가 있었는지는 이미 앞에서 자세하게 살펴보았다.

이 책에서 국가위기의 극복 시도를 분석함에 있어 주된 검토의 대상으로 삼은 계층은 농민, 정치엘리뜨, 지주들이었다. 이들을 선정한 이유는 이들이 이미 다른 사회에서 자발적 근대화를 이끌어간 경우를 보여주었으며, 동시에 당시 조선에서도 국가적 위기를 극복할 수 있는 이들의 잠재적 역량이 가장 컸기 때문이다. 러시아와 중국의 근대화 경로는 주로 농민들이 주체가 된 밑으로부터의 혁명을 통해 이루어졌는데, 조선에서도 농민들은 동학농민운동에 적극 참여함으로써 조선사회의 변혁을 시도했다. 프러시아와 일본의 역사적 경험은 국가의 정치엘리뜨가 위로부터의 개혁을 통해 근대사회를 성립시킨 경우에 해당되는데, 조선에서도 집권층은 갑오개혁과 광무개혁을 통해 조선사회의 근대화를 전면적으로 추진했다. 또한 영국, 프랑스, 미국은 부르주아지가 주체가 된 혁명을 통해 자본주의와 민주주의가 결합된 근대사회의 모습을 만들어내었는데, 조선에서도 개항과 함께 곡물이 일본으로 수출되면서 농업자본을 축적하고 이를 통해 부르주아지로 성장할 잠재력을 지닌 지주계급이 형성되었던 것이다.[74] 그러나 이들의 개별적 사회변혁 노력이 나름대로 의미를 지니고 있었지만 조선의 전통적 농업사회를 근본적으로 바꾸어 국가적 위기를 극복할 수 있을 정도로 효과적이지는 않았다.

좀더 아쉬운 문제는 왜 이들은 같은 시기에 국가적 위기를 극복하기 위한 시도를 하면서 서로 하나로 묶일 수 없었는가이다. 이 문제에 관한 검토는 민족적 통합의 문제와 직결된다. 당시의 주된 사회적 행위자였던 유학자, 농민, 정치엘리뜨가 모두 국가적 위기를 극복하려는 의도에서 민족적 행동을 시도했음에도 불구하고 연합의 대상으로 삼아야 할 민족구성원의 범주에 누구를 포함시킬 것인가는 서로 다르게 규정했다. 흔히 민족주의는 계급이나 정치적 지배-복종의 관계를 넘어서는 민족구성원 사이의 통합의 힘을 가진 것으로 주장된다(Nairn 1981). 그러나 아쉽게도 이 시기의 주된 사회적 행위자였던 위정척사의 유학자, 개화파, 농민, 보수 관료 등은 서로 다른 민족주의를 발전시킴으로써 민족주의의 통합성을 제대로 살리지 못했다. 민족적 통합의 대상에 포함될 '우리'의 범주를 서로 다르게 규정함으로써 위기극복을 위한 이들의 노력이 한계를 보인 것이었다. 그런 점에서 이 시기의 주요한 사회적 행위자들이 서로에 대해 어떻게 인식하고 있었는가는 조선이 식민으로 가는 경로를 이해하는 데 중요한 단서를 제공해

---

74) 근대화의 세 가지 경로에 관한 연구는 베링턴 무어(Moore 1966) 참조.

줄 것이다.

우선 당시의 위기상황을 극복하는 데 있어 근대의 도입이 아닌 전통의 고수를 강조했던 행위자로는 위정척사를 주장한 보수 유학자들과 농민층을 들 수 있다. 동학농민운동에 참여했던 농민들이 일정한 정도로 근대적 개혁을 통해 당시의 문제를 해결하려 했던 것은 분명하다. 특히 신분제의 폐지를 통해 사회적 불평등을 해결하려는 노력은 전통적 사회에 대한 근본적 도전을 제기한 것이다. 그러나 이미 앞에서 살펴보았듯이, 이들이 생각한 정치제도와 경제제도의 개선은 새로운 근대적 제도의 도입이 아니라 전통적 제도의 복구를 목표로 하는 것이었다. 그런 점에서 볼 때 이들이 시도한 근대의 도입은 제한적이었고 따라서 전통을 지키려는 보수적 유학자들과의 결합 가능성은 상당한 정도로 열려 있었다.

그러나 농민들이 동학농민운동을 통해 사회의 변혁을 추구할 때 유학자들은 이에 대해 비판적이었을 뿐만 아니라 심지어 적대적이기도 했고, 농민들도 양반에 대해 같은 태도를 보였다. 동학농민운동에서 농민들이 불량한 유생과 양반의 처벌을 요구하며 부유한 양반의 재산을 약탈한 것과 마찬가지로 유학자들도 농민군을 "양반에 대해 무차별적 공격을 가한 천한 노비의 무리"로 규정하여 비하했다(黃玹 1994, 231면). 결국 농민군이 일본군에 패퇴하기 시작하자 양반 유학자들은 각 지역에서 민포군(民包軍)을 조직하여 농민군에게 결정적 상처를 입혔다. 전통을 지키려는 노력에 있어서는 생각을 같이했지만 전통사회의 지배자였던 유학자들과 피지배자였던 농민들이 협력하여 같이 행동을 할 가능성은 처음부터 제한적일 수밖에 없었다.

보수적 유학자들과 농민들은 공동의 적인 일본을 직면하면서 협력의 계기를 마련했다. 일본식 제도를 모방하려는 갑오·을미년의 개혁으로 피해를 본 유학자들은 의병투쟁을 전개함으로써 일본과 개화파에 맞섰는데, 이때 이들이 적절한 파트너로 삼은 것은 일본군에 의해 동학농민운동에서 좌절을 경험한 농민들이었다. 두 세력은 의병투쟁 속에서 하나로 결합되었으나 이 결합이 완전한 형태로 발전되지는 못했다. 이들 사이에는 여전히 넘을 수 없는 신분의 벽이 가로막고 있었고, 실제로 양반과 갈등을 일으켰던 평민의병장이 불경한 행동을 했다는 이유로 처형되기도 했다.[75] 또한 군대해산 이후 군인들이 의병에 참여함으로써 군사력이 한층 강화되었고 이를 게기로 평민의병장이 다수 등장하게 되었으나 이들은 여전히 의병의 전국적 조직에서 중요한 위치를 전혀 차지하지 못했다(신용하 1994, 220면). 이러한 예들은 유학자와 농민이 공동의 적을 맞아 하나의 연합세력을 형성하기는 했지만 이들 사이의 결합이 얼마나 취약했는지를 입증해주고 있다.

전통을 지키려는 보수 유학자와 농민이 근대적 개혁을 시도한 개화파에 대해 얼마나 적대적이었을지는 쉽게 짐작이 된다. 전통을 지키려는 일부 유학자와 농민세력을 제외하면 당시의 많은 사회적 행위

---

75) 평민의병장이었던 김백선(金伯先)은 유인석 부대의 주요 지휘관이었는데, 제천에서 일본군을 공격할 때 제천의병의 중군장(中軍將)이었던 안승우(安承禹)가 지원군을 보내지 않아 공격에 실패하자 안승우에 대한 적대감을 보였다. 이러한 태도를 구실로 그는 결국 처형당하게 되었는데, 그 밑바탕에는 양반에 대한 불경스러움이 중요한 이유로 자리잡고 있었다(강재언 1992, 265면). 그러나 이 사건에는 다른 한편으로 위정척사론과 동도서기론으로 대립하던 유학자들 사이의 의병 내 갈등도 개입되어 있었다.

자들은 근대의 도입을 통해 국가적 위기를 해결하려는 시도를 다양하
게 보여주었다. 대체로 이들은 정치적 권력을 행사하는 집권층의 위
치에 있었던 만큼 정권에서 소외되었던 보수 유학자들과 피지배층이
었던 농민들은 쉽게 이들에 대한 비판적 인식을 형성했다. 위정척사
론자들은 일찍부터 개화는 곧 나라를 망하게 하는 지름길이었음을 주
장하면서, 개화론자의 수구론(守舊論) 비판에 대응했다. 가령, 유인석
은 개화파에 대해 "개화자(開化者)는 수구로 인해 나라가 망하였다
하나 애국은 모두 수구자(守舊者)의 덕택이며, … 모두가 수구자처럼
하였다면 나라는 결코 망하지 않았을 것이다"라고 맞섰다(柳麟錫 1973,
하권 60면).

농민과 개혁지향 집권층의 결합 가능성은 한결 중요한 의미를 가
진다. 이들은 같은 해에 서로 다른 방식으로 국가의 위기를 극복하기
위한 시도를 보여주었다. 갑오년에 먼저 농민들이 동학농민운동을 통
해 사회변혁을 시도하고 있던 도중에 개화파 정권이 성립되면서 정치
엘리뜨에 의한 근대화의 노력이 동시에 나타났던 것이다. 그런 점에
서 1894년은 우리 역사에서 가장 중요한 해 가운데 하나였다. 이들의
노력이 한 방향으로 모아져 농민과 정치엘리뜨들이 협력하며 위기를
극복하려 했다면 그 이후의 우리 역사는 전혀 다른 방향으로 전개되
었을 가능성도 배제할 수 없다. 그러나 아쉽게도 이들은 뜻을 같이하
기에 너무 멀리 떨어져 있었다. 농민들은 밑으로부터의 개혁을 추진
한 반면 개화파는 위로부터의 개혁을 시도하여 두 개혁이 서로 접합
될 수 있는 부분이 줄어들기도 했다. 그럼에도 불구하고 두 개혁운동
이 일치되는 측면도 분명 있는데, 전통적 제도의 부패로 인한 농민의

고통을 치유하는 정책의 도입이나 신분제도의 폐지 등에 있어서 농민군과 개화파 정권은 생각을 같이했다. 그런 점에서 농민군이 제시한 폐정개혁안이 부분적으로 개화파 정권의 정책으로 반영되기도 했다.

그러나 두 개혁운동의 접합은 그것으로 끝이었다. 일본군을 적으로 맞아야 하는 농민군으로서는 일본의 후원하에 성립된 개화정권에 대해 우호적인 태도를 가지기 힘들었다. 이들이 보기에 개화정권은 "위로는 군부(君父)를 협박하고 아래로는 백성을 속여 동이(東夷, 일본)에 연장(連腸)하여 … 친병(親兵)을 망령되이 움직여 선왕의 적자를 해치려" 하는 무리였다(「東徒上書」 1959, 384면). 반대로 개화정권은 우민관(愚民觀)에 입각하여 농민군을 비두(匪徒)나 비적(匪賊)에 불과한 것으로 비난하였으며 "문명에 대한 무모한 도전"을 감행한 "망국을 강요하는 난적"으로 여겼다(김영작 1989, 327면). 이들이 이와같이 적대적이었을 수밖에 없었던 이유는 우선 이들이 직접 군사력으로 대립했던 것에서 찾을 수 있다.

하지만 더 근본적으로 이들은 사회개혁의 진행방향과 진행방식에서 서로 모순을 일으켜 양립 불가능한 대립구도를 형성했다. 농민들은 신분제도의 폐지를 포함한 일부 목표를 제외하면 대체로 근대적 사회를 지향했던 것이 아니라 전통적 체제의 복원을 계획하고 있었던 반면, 개화파는 전통적 제도를 완전히 새로운 근대적 형태로 바꾸려는 지향을 갖고 있었다. 개혁의 진행방식에 있어서는 농민군은 폭넓은 민중의 지지를 받았던 반면, 개화정권은 민중의 지지가 결여된 상태에서 위에서 일방적으로 이끌어가는 개혁을 추진했다. 결국 농민들이 민중의 지지를 바탕으로 전통적 체제의 복구를 시도했다면, 개화정권은 좁은 지지기반 위에 근대를 세우려는 목표를 추구했던 것이다. 이와같이 서로 엇갈리는 개혁의 방향과 지지기반은 이들 사이의 통합을 근원적으로 어렵게 만들었다.

이미 앞에서 살펴보았듯이, 개혁을 추진한 개화파 안에서도 다양한 분파가 존재했기 때문에 개화파 내부의 협력도 쉽지 않았다. 동도서기론자들과 나머지 급진개화론자들 사이의 차별성은 물론이고, 변법개화론자와 문명개화론자들 사이에도 서양에 대한 수용 정도와 수용 방법에 있어서 상당한 차별성이 있었다. 이 차별성은 단순히 생각의 차이로 끝나지 않고 이들 사이의 협력을 어렵게 만드는 요인으로 작용했다. 더 나아가 위로부터의 개혁을 통해 국가구조를 변혁시키려 했던 집권층들 사이에도 극복하기 힘든 간극이 있었다. 광무개혁이 왕권의 회복과 같은 몇가지 요소를 제외하면 상당한 정도로 갑오개혁의 성과를 이어받았음에도 불구하고 두 개혁운동의 주체세력 사이에는 협력보다는 단절이 더 두드러진 특징으로 나타난다.

갑오·광무 두 국가개혁운동의 실패는 1894년에 서로 다른 방향으로 개혁을 추진한 개화세력과 농민군이 결합될 수 없었던 것만큼이나 우리 역사에 있어 치명적인 상처가 되었다. 이 책에서 19세기 후반 국가적 위기를 극복하기 위한 다양한 시도들을 검토했지만 그 가운데 가장 근대적인 변혁을 추진했고 동시에 실현 가능성이 가장 높았던 것은 정치엘리뜨들에 의한 위로부터의 개혁이었다. 19세기 후반의 조선과 유사한 상황에 있었던 일본의 새로운 정치엘리뜨들이 명치유신을 통해 중앙집권화된 근대국가를 세웠던 선례에 비추어보면 조선에서 시도된 위로부터의 국가개혁은 특별한 의미를 가진다. 국가적 위기를 극복하기 위한 두 국가개혁운동의 실패에는 두 개혁세력 사이의 협력의 부재도 중요한 요인으로 작용했지만 보다 근본적인 공통된 한계를 찾을 수 있다.

국가개혁을 성공적으로 추진하는 데 있어서는 개혁주체들이 얼마나 자율성을 가지고 개혁을 추진하는가와 함께 개혁을 실현할 수 있는 역량을 얼마나 지니고 있는가가 가장 중요한 요인으로 작용한다. 이 책에서 검토했듯이, 두 개혁운동에서는 나름대로 자율성을 가진 개혁주체들이 기존 지배계급의 이해관계로부터 자유로운 개혁을 추진하려는 의도를 명확하게 보여주었다. 그러나 보다 중요한 문제는 개혁을 실행할 수 있는 이들의 역량이었는데, 이 점에서 두 개혁운동의 주체는 공통된 한계를 지니고 있었다. 그 가운데 가장 핵심적인 것은 개혁운동을 위해 자원을 동원할 수 있는 역량의 부족이었다.

물론 갑오개혁과 광무개혁의 주체세력들도 조세제도를 정비하고 통화제도를 활용하여 개혁에 필요한 자원을 확보하려 했다. 그러나 이들의 시도는 조선사회의 구조적 요인과 당시의 환경적 요인으로 인해 결국 실패로 돌아갔다. 갑오개혁에서 조세제도의 합리적 개선을 통해 재정을 건전하게 만들려는 시도는 전면적 토지조사가 시행되지 않음으로써 한계를 드러내었고, 조세의 징수과정에서 중간매개자를 배제하려는 시도도 조세제도를 합리적으로 운영하는 데 필요한 인프라를 구축하지 못함으로써 실패했다. 광무개혁에서는 토지조사가 시행되었지만 너무 늦게 이루어져 그 결실을 보지 못한 채 조선은 일본의 보호국으로 전락하고 말았다. 이와 함께 개혁주체들은 백동화를 포함한 명목화폐를 발행하여 필요한 재원을 확보하려는 손쉬운 방안을 채택했는데, 이것은 엄청난 규모의 인플레이션을 초래함으로써 재정확대의 실효성을 떨어뜨리게 되어 결국 자기모순의 결과를 가져오게 되었다.

국가개혁운동에서 시도된 자원동원 방안은 국가의 재정위기를 극복하기보다는 의도치 않게 일부의 수혜집단을 만들어냈다. 왕실은 조세제도의 불합리성과 인프라의 미비로 인해 외획을 통해 부를 축적함과 동시에 전환국을 지배함으로써 화폐발행에 따른 막대한 이익을 거두기도 했다. 또한 지주들은 화폐경제의 도입에 따른 막대한 규모의 인플레이션에 힘입어 농산물을 일본에 수출함으로써 농업자본을 축적할 수 있는 유리한 기회를 부여받았다. 어쩌면 지주들은 조선의 국가적 위기 속에서 가장 큰 이익을 얻은 수혜자였는지도 모른다. 일부 지주들은 막대한 규모로 수출되는 곡물의 생산자로서 엄청난 부를 축적할 수 있었고, 다른 한편으로는 국가의 통화정책이 가져온 인플레이션을 통해 부를 더욱 크게 만들 수 있었다. 뿐만 아니라 근대적 조세제도의 도입과 공정한 지세부과를 위한 토지조사가 늦어지면서 허술한 지세제도 덕택에 더 많은 자본을 축적할 수 있었다. 지주와 왕실의 경제적 이익추구 이면에는 계속되는 국가의 재정빈곤이 놓여 있었고, 이는 국가개혁을 통한 근대화의 가능성을 잠식하고 있었던 것이다.

19세기 후반에 조선이 처했던 상황을 개선하기 위한 모든 노력이 의도한 결과를 낳지 못하게 되면서 국가적 위기를 넘어설 수 있는 가능성은 극도로 제한되었다. 이 과정에서 근대는 새로운 모습으로 조선의 개혁을 위한 실마리를 제공해주었고 조선인들의 일상생활에 근본적인 충격을 준 것도 역시 분명하다. 그러나 근대의 도입을 통해 국가적 위기를 해결하겠다는 의지가 이를 실현할 수 있는 역량과 결합되지 못함으로써 조선의 근대는 불완전한 모습으로 남게 되었다. 비록 미완의 근대가 그 이후 새로운 사회적 환경을 맞으면서 또다른 모습으로 발현되기는 했지만 그 과정에서 조선은 식민화라는 엄청난 대가를 치러야만 했던 것이다.

물론 조선의 국가적 위기를 극복하려는 근대의 기획이 성공하지 못함으로써 곧장 조선의 식민화가 일어난 것은 아니었다. 조선의 식민화를 막기 위한 최후의 저항이 의병이라는 무장투쟁을 통해 시도되었고, 일본으로서도 1905년 이후 조선을 비공식적 식민지로 남겨둘 것인지 아니면 공식적인 식민지로 만들 것인지에 대해 심각하게 고민하시 않을 수 없었다. 그러나 조선의 저항은 너무 늦게 일어났고 그나마 일본의 강력한 무력 앞에 더이상 유지될 수 없었다. 일본에서도 이또오 히로부미(伊藤博文)의 암살로 인해 강경세력이 정국의 주도권을 잡게 되고 의병을 위시한 여러 형태로 조선인의 저항이 거세지면서 조선의 공식적 식민지화 외에 뚜렷한 대안이 없는 상태가 되었다. 이러한 역사적 조건의 결합이 결국 조선의 식민화로 귀결되면서 조선으로서는 되돌리기 힘든 역사의 상처를 입게 되었고 그 상처는 현재까지 이어질 정도로 깊고 오래 지속되고 있다.

참고문헌

1차 자료

「甲午略歷」(1959[1895]) 『東學亂記錄』 上, 國史編纂委員會.

姜曄 (1908) 「義務敎育」, 『湖南學報』 7號.

岡庸一 (1903) 『最新韓國事情』, 靑木嵩山堂.

『結稅未納額調』, 1905.

『結戶貨法稅則烈』, 1894.

久間健一 (1943) 『朝鮮農政の課題』.

宮尾 (1900) 宮尾稅關監視官韓國出張復命書.

金允植 (1960[1921]) 『續陰晴史』, 國史編纂委員會.

吉倉凡農 (1904) 『企業案內 實利之朝鮮』, 新橋堂.

金成喜 (1906a) 「敎育說」, 『大韓自强會月報』 5號.

―――― (1906b) 「殖産部」, 『大韓自强會月報』 6號.

―――― (1907) 「農業에 土地改良」, 『大韓自强會月報』 7號.

東徒上書」(1959[1894]) 『東學亂記錄』 下, 國史編纂委員會.

러시아대장성 (1983[1900]) 『舊韓末의 社會와 經濟』, 유풍출판사.

朴泳孝 (1973[1888]) 「建白書」, 『韓國史資料選集 5』, 일조각.

山口精 (1910~11) 『朝鮮 産業誌』, 寶文館.

澁澤榮一 (1909) 『韓國貨幣整理報告書』.

「시천교역사」(1991[1920]) 동학농민전쟁 백주년기념사업 추진위원회 편
　　　　『동학농민전쟁연구자료집 1권』, 여강출판사.

沈宜性 編 (1907) 「工業理財要術」, 『大韓自强會月報』 11號.

216

吳知泳（1940）『東學史』, 永昌書館.

友邦協會（1964）『統監府時代の財政』.

俞吉濬（1969[1895]）『西遊見聞』, 景仁文化社.

柳承欽（1907）「公共主義說」, 『大韓留學生會會報』 1號.

柳麟錫（1973[1917]）『義菴集』, 경인문화사.

陸奧宗光（1982[1896]）『蹇蹇錄』, 東京大學校 出版部.

尹致昊（2001[1889]）『윤치호 일기』 1권, 연세대학교 출판부.

李敦化（1933）『天道敎創建史』, 天道敎中央宗理院.

李恒老（1975[1899]）『華西集』, 김주희 옮김, 대양서적.

日本外務省（1951）『日本外交文書 27』.

日韓通商協會（1983[1898]）『日韓通商協會報告 31』, 아세아문화사.

張志淵（1906）「殖産興業의 必要」, 『大韓自强會月報』 1號.

田保橋潔（1943）「近代朝鮮における 政治的 改革」, 朝鮮史編修會 編『近
　　　代朝鮮史研究』, 朝鮮總督府.

「全琫準 供招」（1959[1895]）『東學亂記錄』下, 國史編纂委員會.

「全琫準 判決文」（1974[1895]）『나라사랑』 15집.

鄭喬（1960[1910]）『大韓季年史』, 國史編纂委員會.

丁若鏞（1979[1818]）『牧民心書』 III, 茶山硏究會 譯註, 창작과비평사.

齊藤定得（1898）稅關事務官補 齊藤定得 韓國出張報告書.

『朝鮮農會』（1930）『朝鮮の小作慣行』, 朝鮮農會.

朝鮮總督府（1911a）『小作農民に關する調査』.

―――（1911b）『驛屯土實地調査槪要』.

―――（1937）『李朝時代の財政: 朝鮮 財政史の 一節』.

―――（1940）『朝鮮田制考』.

中澤辨次郎（1933）『日本米價變動史』, 明文堂.

『增補文獻備考: 田賦考 1』（1988~989[1908]）세종대왕기념사업회.

崔濟愚（1981a[1880]）「論學文: 東經大全」, 『한국의 민속 종교사상』, 삼성

출판사.

───── (1981b[1861])「夢中老少問答歌: 龍潭遺事」,『한국의 민속 종교사상』, 삼성출판사.

度支部 (1909)『小作慣例及驛屯賭に關する調査書』.

───── (1910)『國稅未勘金整理報告書』.

黃玹 (1985)『東學亂: 東匪紀略草藁』, 을유문화사.

───── (1994)『梧下記聞』, 김종익 옮김, 역사비평사.

『官報』

『독립신문』

『皇城新聞』

2차 자료

강만길 (1973)「大韓帝國 時期의 상공업문제」,『亞細亞研究』50권.

───── (1978)「大韓帝國의 性格」,『창작과비평』48호.

강만생 (1987)「皇城新聞의 현실개혁구상 연구」,『학림』9호.

강재언 (1981)『한국의 개화사상』, 비봉출판사.

───── (1992)『한국 근대사 연구』, 한울.

宮嶋博史 (1983a)「朝鮮 甲午改革 이후의 商業的 農業」, 사계절 편집부 편『韓國 近代經濟史 研究』, 사계절.

───── (1983b)「朝鮮 '土地調査事業' 研究 序說」, 사계절 편집부 편『韓國 近代經濟史 研究』, 사계절.

宮嶋博史 (1991)『朝鮮土地調査事業の研究』, 高麗書林.

吉野誠 (1983)「조선 개국 후의 곡물수출에 대하여」,『甲申甲午期의 近代變革과 民族運動』, 청아출판사.

김경미 (2004)「보통학교제도의 확립과 학교 훈육의 형성」, 연세대학교 국학연구원 편『일제의 식민지지배와 일상생활』, 혜안.

김광진·정영술·손전후 (1988)『조선에서 자본주의적 관계의 발전』, 열사람.

김대준 (1973)「이조말엽의 국가예산에 관한 연구」,『경제학연구』21권.

김도형 (1994)『大韓帝國期의 政治思想硏究』, 지식산업사.

—— (2004a)「개항 전후 실학의 변용과 근대개혁론」, 연세대학교 국학연구원 편『전통의 변용과 근대개혁』, 태학사.

—— (2004b)「대한제국 초기 문명개화론의 발전」, 연세대학교 국학연구원 편『서구문화의 수용과 근대개혁』, 태학사.

김동노 (1996)「개항기 농업의 상업화와 지주제의 변화」, 한국사회사학회 편『한국사회사학회논문집』, 문학과지성.

—— (1999)「한말 개화파 지식인의 근대성과 근대적 변환」,『아시아문화』14호.

—— (2004)「한말의 국가개혁운동과 자원동원」,『동방학지』124권.

—— (2006)「대한제국기 황성신문에 나타난 근대적 개혁관」,『사회와 역사』69권.

—— (2007)「일제시대 식민지 근대화와 농민운동의 전환」,『한국사회학』41권 1호.

김민한 (1988)『開化期民族誌의 社會思想』, 나남.

김영작 (1989)『한말내셔널리즘연구』, 청계연구소.

김옥근 (1984)『조선왕조 재정사 연구 1: 지세편』, 일조각.

김용섭 (1958)「全琫準供草의 分析: 東學亂의 性格一斑」,『사학연구』2호

—— (1970)『朝鮮後期農業史硏究 I』, 일조각.

—— (1988)『韓國近代農業史硏究 上』, 일조각.

—— (1992)『韓國近現代農業史硏究』, 일조각.

김재호 (1997)「甲午改革 이후 近代的 財政制度의 形成過程에 관한 硏究」, 서울대학교 경제학과 박사학위논문.

김준보 (1972) 「開港期 外來 通貨와 인플레이션 기구」, 『한국사연구』 7권.

──── (1976) 「한말의 화폐정리와 농업공황기구」, 『한국사연구』 13권.

道園相公記念事業推進委員會 (1978) 『開化期의 金總理』, 아세아문화사.

류방란 (2001) 「개화기 기독교계 학교의 발달: 소학교를 중심으로」, 『한국문화』 28호.

木村光彦・浦長瀬隆 (1987) 「開港後 朝鮮の貨幣と物價」, 『社會經濟史』 53.

梶村秀樹 (1968) 「開國によ於ける 社會変化と甲午農民戰爭」, 渡辺學 『朝鮮近代史』, 勁草書房.

──── (1983) 「이조말기 면업의 유통 및 생산구조」, 『한국근대경제사연구』, 사계절.

박기주・이우연 (2001) 「농촌의 재화가격과 물가지수」, 안병직・이영훈 편 『맛질의 농민들』, 일조각.

박종근 (1985) 「갑오개혁과 김홍집 정권」, 양상현 편 『한국근대정치사연구』, 사계절.

박찬승 (1985) 「동학농민전쟁의 사회경제적 지향」, 박현채・정창렬 편 『한국민족주의론』, 창작과비평사.

박찬승 (1992) 『한국근대 정치사상사 연구』, 역사비평사.

배영순 (1980) 「韓末 궁장토에 있어서 導掌의 존재형태」, 『한국사연구』 30권.

백승철 (2004) 「개항 전후 執權層의 西歐認識의 변화」, 연세대학교 국학연구원 편 『전통의 변용과 근대개혁』, 태학사.

四方博 (1938) 「李朝人口に 關する 身分 階級別的 觀察」, 『朝鮮經濟研究』 3.

山邊健太郎 (1982) 『한일합방사』, 법문사.

서영희 (1995) 「개화파의 근대구상과 그 실천」, 한국사연구회 편 『근대 국민국가와 민족문제』, 지식산업사.

220

―――― (2003) 『대한제국정치사연구』, 서울대학교 출판부.

송찬식 (1970) 「朝鮮後期 農業에 있어서의 廣作운동」, 『이해준博士 화갑
　　　기념 史學論叢』.

신상준 (1970) 『韓國財務行政의 近代化過程』, 신조문화사.

―――― (1976) 『獨立協會硏究』, 일조각.

―――― (1985) 「갑오농민전쟁의 주체세력과 사회신분」, 『한국사연구』 50권.

―――― (1994) 『한국 근대 민족주의의 형성과 전개』, 서울대학교 출판부.

신일철 외 (1984) 『東學思想과 東學革命』, 청아출판사.

안병욱 (1997) 「1894년 농민전쟁의 역사적 위치」, 한국역사연구회 편 『1894
　　　년 농민전쟁 연구』, 역사비평사.

안병직·이영훈 편저 (2001) 『맛질의 농민들: 韓國近世村落生活史』, 일
　　　조각.

왕현종 (1989) 『韓末 地稅制度의 改革에 관한 硏究』, 연세대학교 사학과
　　　석사학위논문.

―――― (2003) 『한국근대국가의 형성과 갑오개혁』, 역사비평사.

우대형 (2003) 「조선후기 인구압력과 상품작물 및 농촌직물업의 발달」,
　　　『경제사학』 34.

―――― (2008) 「조선 전통사회의 경제적 유산: 낙생대경제연구소의 연구성
　　　과를 중심으로」, 『역사와 현실』 68권.

유봉호 (1999) 「실업교육의 전개과정」, 이화여대 한국문화연구원 편 『대한
　　　제국사 연구』, 백산자료원.

유영익 (1992) 『한국근현대사론』, 일조각.

이광린 (1989) 『開化派와 開化思想 硏究』, 일조각.

이승렬 (2007) 『제국과 상인』, 역사비평사.

이영학 (1990) 「한국근대 연초업에 대한 연구」, 서울대학교 박사학위논문.

―――― (1997) 「대한제국의 경제정책」, 『역사와 현실』 26권.

이영훈 (1988) 『朝鮮後期 社會經濟史』, 한길사.

────── (2004) 「총설: 조선후기 경제사 연구의 새로운 동향과 과제」, 이영훈 편 『수량경제사로 다시 본 조선후기』, 서울대학교 출판부.

이영훈 편 (2004) 『수량경제사로 다시 본 조선후기』, 서울대학교 출판부.

이완재 (1999) 『박규수 연구』, 집문당.

이태진 (2000) 『고종시대의 재조명』, 태학사.

이헌창 (1990) 「開港期 市場構造와 그 變化에 관한 硏究」, 서울대학교 경제학과 박사학위논문.

────── (1999) 「조선 후기사회와 일본 근세사회의 상품유통의 비교연구」, 『재정정책논집』 1.

────── (2004) 「개항기 경제사를 보는 한 시각」, 『역사비평』 69호.

이호철 (1978) 「日帝侵略하의 農業經濟를 형성한 歷史的 背景에 관한 硏究(上)」, 『한국사연구』 20권.

임종철 (1984) 「동학혁명에 대한 경제사적 평가」, 이현희 편 『동학사상과 동학혁명』, 청아출판사.

장시원 (1989) 「日帝下 大地主制의 存在形態에 관한 연구」, 서울대 박사학위논문.

전석담·허종호·홍희유 (1989) 『조선에서 자본주의적 관계의 발생』, 이성과현실.

정석종 (1972) 「조선 후기사회 신분제의 붕괴」, 『대동문화연구』 9권.

정재식 (2005) 『한국유교와 서구문명의 충돌: 이항로의 위정척사 이데올로기』, 연세대학교 출판부.

조경달 (1983) 「동학농민운동과 갑오농민전쟁의 역사적 성격」, 吉野誠 편 『갑신갑오기의 근대변혁과 민족운동』, 청아출판사.

조기준 (1965) 「韓國 近代經濟 發達史」, 고려대 민족문화연구소 『韓國文化史大系 II』, 고려대학교 출판부.

조석곤 (2003) 『한국 근대 토지제도의 형성』, 도서출판 해남.

주진오 (1993) 「개화파의 성립과정과 정치·사상적 동향」, 『1894년 농민전쟁연구』 3, 역사비평사.

──── (1995)「19세기 후반 개화개혁론의 구조와 전개」, 연세대 사학과 박사학위논문.

──── (1997)「개화론의 논리와 계보」,『한국 근현대의 민족문제와 신국가건설』, 김용섭교수 정년기념논총, 지식산업사.

──── (2004)「19세기 후반 문명개화론의 형성과 전개」, 연세대학교 국학연구원 편『서구문화의 수용과 근대개혁』, 태학사.

村上勝彦 (1979)「日本 資本主義による 朝鮮 綿業 再構成」,『日本 帝國主義と 東亞細亞』, 東京: 亞細亞 經濟研究所.

최윤오 (2006)『朝鮮後期 土地所有權의 발달과 地主制』, 혜안.

崔玄植 (1980)『甲午東學革命史』, 향토문화사.

한상권 (1981)「18세기 말~19세기 초의 장시발달에 관한 연구: 경상도 지방을 중심으로」,『한국사론』 7.

한우근 (1971)『東學亂 起因에 관한 研究』, 서울대학교 출판부.

허종호 (1989)『조선 봉건말기의 소작제 연구』, 한마당.

홍성찬 (1981)「韓末 日帝하의 地主制 研究」,『한국사연구』 33권.

──── (1983)「1894年 執綱所期 設包下의 鄕村事情」,『동방학지』 39집.

──── (1989)「日帝下 企業家的 農場型 地主制의 歷史的 性格」,『동방학지』 63집.

Anderson, Perry (1974) *Lineages of the Absolutist State.* London: New Left Review Books.

Bateman, Fred (1978) "The 'Marketable Surplus' in Northern Dairy Farming." *Agricultural History* 52.

Bates, Robert H. (1981) *Markets and States in Tropical Africa: The Political Basis of Agricultural Policies.* Berkeley: University of California Press.

Beasley, W. G. (1987) *Japanese Imperialism, 1894~1945.* Oxford:

Clarendon Press.

Durkheim, Emile (1965) *The Elementary Forms of the Religious Life.* translated by Joseph Ward Swain. New York: Free Press.

Ellis, Frank (1988) *Peasant Economics.* Cambridge: Cambridge University Press.

Elvin, Mark (1973) *The Pattern of Chinese History.* Stanford: Stanford University Press.

Goldstone, Jack (1984) "Urbanization and Inflation: Lessons from the English Price Revolution of the Sixteenth and Seventeenth Century." *Amercan Journal of Sociology* 89.

────── (1991) *Revolution and Rebellion in the Early Modern World.* Berkeley: University of California Press.

Grieder, Jerome B. (1981) *Intellectuals and the State in Modern China.* New York: Free Press.

Kim, Dongno (1994) "Peasants, State, and Landlords: National Crisis and the Transformation of Agrarian Society in Pre-Colonial Korea." Ph. D. dissertation at the University of Chicago.

Kim, Dongno, John B. Duncan and Do-hyung Kim (2006) *Reform and Modernity in the Taehan Empire.* Seoul: Jimoondang.

Kim, Susie Jie Young (2006) "Writing Reforms in the Taehan Empire: Sinsosol, Print Media, and the Discourse of the 'New.'" in *Reform and Modernity in the Taehan Empire.* Edited by Dong-no Kim, John B. Duncan and Do-hyung Kim. Seoul: Jimoondang.

Lew, Young-ik (1974) "An Analysis of the Reform Documents of the Kabo Reform Movement, 1894." *Journal of Social Sciences and Humanities* 40.

Mann, Michael (1988a) *States, War and Capitalism.* Oxford: Blackwell.

────── (1988b) "European Development: Approaching to a Historical

Explanation." in *Europe and the Rise of Capitalism*. Edited by Jean Beachler, John Hall and Michael Mann. Oxford: Basil Blackwell.

Moore, Barrington Jr. (1966) *Social Origins of Dictatorship and Democracy*. Boston: Beacon Press.

Nairn, Tom (1981) *The Break-up of Britain*. London: NLB.

Norman, E. H. (1940) *Japan's Emergence as a Modern State*. New York: Pacific Relations.

North, Douglas (1981) *Structure and Change in Economic History*. New York: W.W. Norton and Co.

Paige, Jeffery M. (1975) *Agrarian Revolution: Social Movements and Export Agriculture in the Underdeveloped World*. New York: Free Press.

Schivelbusch, Wolfgang (1977) *The Railway Journey: The Industrialization of Time and Space in the Nineteenth Century*. Berkeley: University of California Press.

Skinner, William (1964) "Marketing and Social Structure in Rural China (Part I)." *Journal of Asian Studies* 24.

Son, Min Suh (2006) "Enlightenment and Electrification: The Introduction of Electric Light, Telegraph and Streetcars in Late Nineteenth Century Korea." in *Reform and Modernity in the Taehan Empire*. Edited by Dong-no Kim, John B. Duncan and Do-hyung Kim. Seoul: Jimoondang.

Tilly, Charles (1978) *From Mobilization to Revolution*. New York: Random House.

――――― (1990) *Coercion, Capital, and European States*. Oxford: Basil Blackwell.

Weber, Max (1978) *Economy and Society*. Edited by Guenther Roth and Claus Wittich. Berkeley: University of California Press.

Wolf, Eric (1969) *Peasant Wars of the Twentieth Century*. New York: Harper and Row.

Yuh, Leighanne (2006) "Rejection, Selection, and Acceptance: Early Modern Korean Education and Identity (Re)Construction." in *Reform and Modernity in the Taehan Empire*. Edited by Dong-no Kim, John B. Duncan and Do-hyung Kim. Seoul: Jimoondang.

기획강좌: 근대의 갈림길 한국

근대와 식민의 서곡

초판 1쇄 발행 / 2009년 2월 27일
초판 4쇄 발행 / 2021년 4월 1일

지은이 / 김동노
펴낸이 / 강일우
책임편집 / 이명애 박영신
펴낸곳 / (주)창비
등록 / 1986년 8월 5일 제85호
주소 / 10881 경기도 파주시 회동길 184
전화 / 031-955-3333
팩시밀리 / 영업 031-955-3399 편집 031-955-3400
홈페이지 / www.changbi.com
전자우편 / human@changbi.com

ⓒ 김동노 2009
ISBN 978-89-364-8242-8 03910
ISBN 978-89-364-7978-7 (전4권)